Kastehelmiä

Kanavoitu nimimerkillä
Ystävät yhdessä

Pirjo Piippola

I
Henkisentien kulkijalle

II
Valintojen vaikeuteen

III
Ajatuksen voimalla

I

Henkisentien kulkijalle

Totuushan on, että me kaikki kuljemme henkistä tietä. Kaikilla meillä on sisäinen oikeudentaju synnyinlahjana saatu. Käytämmekö sitä, kuuntelemmeko sitä, se on meidän oma valintamme. Henkistä tietä kulkee myös hän, joka ei kuuntele totuuden ääntä sisällään.

Tässä siis eväitä elämään, ei muuta kuin keräämään, annokseksi sopivaksi, itselle helposti sulavaksi.

Tämän kirjan teksti on kokonaisuudessaan otettu vastaan kanavointina.

Nimimerkillä: Ystävät yhdessä

Pirjo Piippola

Kun on tunteet

Elämä on mälsää, kaikki tökkii! – Suorastaan veetättää! Ryhdyn mihin vaan – ei onnistu! Mitä v....ttua mä teen! - Tunteita on vaikka muille jakaa. – Onneksi meillä on tunteet. – Ilman niitä olisimme koneita ja mikään ei tuntuisi miltään.

Hetken jos voisi elää ja kokea tunteetonta elämää, -pyytäisi nopeasti takaisin kaikki veemäisetkin asiat.

Ei vastoinkäymisiä ole asetettu kiusaksi tahallaan tähän elämään, - vaan kokemuksiksi! Vastoinkäymisistä seuraa onnistuminen! Onnistumisesta syntyy toisenlaisia tunteita. *Iloa!*

Tunteita voi kohdata monella tapaa. Fyysinen toiminta – kiroilu, lyöminen, masentuminen, itku, - miten käyttäydymme tunnemyrskyissä, se kaikki on hyvin henkilökohtaista.

Kun oppii hillitsemään fyysisen kehonsa ja tutkimaan omaa sisintään - oppii näkemään tuon tunnemyrskyn aiheuttajan. Miksi käyttäydyn

siten kuin käyttäydyn? Kun pysähtyy mietti-
mään reaktioitaan, oppii itsestään monta uutta
asiaa. Syntyy ymmärrys itseensä, syntyy vii-
sautta ymmärtää myös muita. Elämän tarkoitus
on kulkea kohti Valoa, - oppia rakastamaan lä-
himmäistään kuin itseään.

Pettymyksiä pettymyksiä!

Elämä täynnä pettymyksiä. Miksi?

Miksi jonkun ihmisen elämä tuntuu olevan
täynnä pettymyksiä?

Miten pettymys syntyy?

Odotukset eivät täyty. Kenen odotukset?

Pettyjän. On asetettu odotuksia tulevista ta-
pahtumista, joissa osallisena on toinen ihmi-
nen/ihmiset. Kun sitten tilanteet eivät olekaan
sellaisia joiksi ne kuvittelimme, petymme ja
syyttelemme toisia pahasta olostamme. Odo-
tuksillamme pyrimme hallitsemaan tilanteita,
toisia kanssaihmisiä.

Totuushan on, ettemme voi muuttaa maailmaa.

Voimme muuttaa itseämme. Kun muutamme itseämme, muuttuu myös maailmamme!

Rohkeutta vaatii mennä tilanteisiin luottaen itseensä ja vaistoonsa elää juuri siinä hetkessä siinä tilanteessa juuri sellaisena kuin on. Kunnioittaen itseään, kunnioittaen kaikkia läheisiään – elämää.

Miten tunnistan sisäisen ääneni?

Muistathan ettei sielusi sisin milloinkaan vaadi, uhkaile tai muulla tavoin pelottele! Sisin äänesi ohjaa sinua lempeästi antaen itsesi tehdä valinnat. Rakastaen sinua ehdoitta, olivatpa valintasi millaiset tahansa. Sisimpäsi antaa anteeksi, ei tuomitse tai millään tavalla arvostele tekemiäsi valintoja, olivat ne miten pahoja tahansa. Pahalla tarkoitamme, tuskan tuottamista toisille tai itselle. Elämässä ei oikea tai väärä ratkaise, vaan tekojesi motiivi - miksi teit valintasi niin kuin teit. Tekojasi seuraa väistämättä palautus energian lakien mukaan. Me saamme aina sitä mitä olemme tilanneet (teh-neet). Tasan tarkkaan oikeudenmukaisesti! Ymmärrämme sitä tai emme. Siksi elämämme on ihan itsemme näköinen. Sen asian hyväk-syminen ja itsensä rehellinen tarkastelu autta-vat oman itsen tuntemisessa ja aidosti hyväk-symisessä.

Maallinen oikeus tuomitsee fyysisten tekojen mukaan, on tekijän tarkoitus ollut sitten miten hyvä ja puhdas tahansa, henkinen laki toimii energiassa olevan motiivin mukaan. Energi-assa emme voi valehdella.

Sielu jatkaa elämää fyysisen kehon kuoleman jälkeen, valiten jossain vaiheessa uuden kehon välineeksi tullakseen takaisin tähän fyysiseen maailmaan. Näin tulemme siihen, että vaikka fyysinen minä on ainutkertainen, sielu on ikui-nen. Tästä seuraa, että sielusi tuo aina muka-naan jo kartuttamiaan ominaisuuksia. Sielusi pyrkimys on kehittyä henkisyydessä korkealle värähtelevään energiaan, kohti Valoa ja pyy-teetöntä Rakkautta.

Tämän kun ymmärrämme - osaamme tehdä toisenlaisia valintoja ja siten luoda elämäämme uusiksi. Kun ajattelet hyvää, teet hyvää, hyvä tulee sinulle takaisin, juuri siinä muodossa jota eniten tarvitset, ei ehkä siten, kuin kuvittelet tai odotat, vaan aina juuri siinä parhaassa mahdollisessa muodossa jota juuri sillä hetkellä tarvitset. Kiitos!

Miten vastustan kiusauksia?

Kun olet tunnistanut kiusauksen, olkoon - vaikka ahneus. Ahneus houkuttelee sinua ottamaan kaikkea yli omien tarpeiden, enemmän kuin toisilla! Se on ahneuden muotokuva. Kun olet sen tunnistanut - tiedostanut, vastusta sitä tietoisesti. Oman tahtosi, henkesi voima riittää siihen kyllä, kun olet tehnyt itsellesi selväksi että kiusaus voitetaan! Tahto on luja - luota siihen, älä epäröi!

Jos olet sitä mieltä, ettet ole kyllin voimakas vastustaaksesi minkäänlaista kiusausta, tee itsellesi harjoitusohjelma tahtosi voiman lisäämiseksi. Usko hyvään. Usko sisäiseen ohjaukseesi.

Päätä tehdä jokin itsellesi epämukava, mutta hyödyllinen asia joka päivä viikon ajan. Vaikka jumppaa 15 minuuttia tiettynä, sinulle sopivana aikana. Aamulla, - illalla, miten sinulle se parhaiten sopii (valitse tehtävä jonka tiedät olevan sinulle hyväksi, - ei sen tarvitse olla jumppaa, mikä vain tekeminen omaksi eduksesi on hyvä). Tee se itsesi parhaaksi, joka päivä samaan aikaan tuon viikon ajan.

Kun olet valinnut tehtävän ja aloitat tai yrität aloittaa, kuulet ajatuksissasi monen kiusaajan äänen. Mitä voimakkaampia vastaansanomisen ääniä kuulet, sitä tärkeämpää on pitää kiinni siitä mihin lupauduit. Tällä tavoin opit tuntemaan vastustajasi (alemman minäsi) äänen. Kiusauksia on monia, viha, kauna, kateus, laiskuus, ylpeys, irstaus, himo. Mitä lujemmin pidät kiinni lupauksestasi ja sen toteutuksesta, sitä vahvemmaksi tahtosi voima kehittyy. Ajan mittaan kiusaustesi äänet hiljenevät - olet voittanut!

Jos et onnistu ensimmäisellä kerralla, - kukaan ei kiellä yrittämästä juuri niin monta kertaa että onnistut!

Muista myös että kavala vastustaja pukeutuu "lampaaksi", muka sinun parhaaksesi. Yrittää taivutella sinua luopumaan luvatusta sitoumuksesta. Esim. *Mieti vähän: - miksi sinun pitäisi vaivautua? Et sinä sellaista tarvitse! Ajan hukkaa!! Olet hyvä jo sellaisena kuin nyt olet! No, jos pari kertaa kokeilen, ei se minua muuta.*

Susi lammasten vaatteissa on pahin, sitä ei osaa varoa! – Pidä kiinni siitä mihin lupauduit. Vielä parempaa jos kirjoitat sitoumuksen/lupauksen paperille. Pidä paperi näkyvillä. Saat voimaa jatkaa kaikesta vastustuksesta huolimatta!

Kun pystyt pitämään sitoumuksesi, tunnet itsesi vahvemmaksi, olet vahvempi! Opit luottamaan itseesi ja sisäiseen ohjaukseesi. Mikä parasta, sisäinen ohjauksesi voimistuu, kuulet selvemmin sisimpäsi äänen kiusausten äänien vaimetessa ja loppuessa kokonaan. Kerran voitettu kiusaus ei enää kiusaa! Sinä jo tunnistat sen ajoissa, ja vältät sen.

Kiusauksia on monia, älä lankea ylpeyteen suorituksesi jälkeen! Ole nöyrä ja hiljennä

mielesi kuuntelemaan sisintäsi, se kertoo si-
nulle totuuden ja ohjaa sinua henkisellä tiellä
kehittymään sille tasolle jolle olet matkalla.

Mitä rakkaus on?

Rakkaus on kaiken suvaitsemista. Tieto, että
kaikki on juuri niin kuin kuuluukin. Luottamusta
suureen elämän Luojaan, joka viisaudessaan
on kaiken luonut toteuttamaan suurta suunni-
telmaa, jossa meistä jokainen on osana, mu-
kana tuomassa omilla valinnoillamme rikkautta
Kaikkeuteen.

Meillä luoduilla on jokaisella oma tahto ja oma
vapaus valita, miten kokemuksia tässä elä-
mässä keräämme. Joten onko suurempaa
rakkautta kuin se, jolla meidän jokaisen salli-
taan omien tuskien, kärsimysten, murheiden ja
surujen kautta löytää ne kokemukset, jotka
meitä henkisesti kasvattavat? Juuri tuo henki-
nen kasvu on tämän elämämme perimmäinen
tarkoitus.

Hän joka uskoo kärsimysten olevan rangaistus jostain tehdystä tai tekemättömästä, hänelle sanomme – kaikki tiet vievät Paratiisiin..

Vaikka kivikkojen ja ohdakkeiden läpi, mutta kaiken tarkoitus on loputon autuus – hyvyys – joka meille on annettu. Tosin ylpeys ja omahyväisyys, myös muut kiusaukset, ns. kuoleman synnit on koeteltava loppuun, jotta tilalle syntyisi nöyryys ja terve itsensä kunnioittaminen. Sanotaanhan Raamatussa: *Rakasta lähimmäistäsi kuin itseäsi.* – Kysymme – miten voit rakastaa lähimmäistäsi jos et ensin rakasta itseäsi? Et voi antaa toiselle mitään sellaista tunnetta jota et ensin sisälläsi tunne!

Rakkaus jossa odotetaan vastarakkautta, ei ole rakkautta. Se on bisnestä, vaihtokauppaa. Kun minä annan sinulle, odotan, että sinäkin annat vastaavaa minulle! Kaukana rakkaudesta!

Aito rakkaus on pyyteetöntä, ei vaadi mitään, vain antaa. Voi hyvät lukijat, voimme vakuuttaa, että kun annat rakkautta pyyteettömästi, todella myös saat! Saat mahtavan hyvänolon siitä, että olet saanut auttaa!

Joten autettava, vastaanottaja tekee palveluksen auttajalle ottaessaan vastaan avun, myös – huomautamme – pyyteettömästi!

Siinä on toinen oppitunti, miten vastaanotan ilman, että tunnen olevani auttajalle jotain velkaa?

Autettava tarvitsee samalla tavoin pyyteettömän rakkauden tuntemisen kuin auttaja! Pyyteettömyys molemmin puolin tuottaa vilpitöntä iloa ja onnentunnetta! Jos jokin, niin tällainen kokemus lisää auttamisen halua ja riemua!

Tämä kirjoitus on yksi sellainen. Pyrkimys auttaa lukijaa avaamaan silmänsä elämän monenlaisille rikkauksille, kaikille niille kokemuksille joita elämässämme on ja tulee olemaan. Vastoinkäymiset ovat mahdollisuus, ei rangaistus! Kovien puristuksien paineessa syntyvät kirkkaimmat timantit!

Osaatko auttaa pyyteettömästi?
Mitä mietit antaessasi läheisillesi joululahjoja?

Lainat ovat lainoja, ne maksetaan takaisin.
Lahjat ovat lahjoja! Antamisen iloa!

Mitä tarkoittaa anteeksiantaminen?

Anteeksiantaminen, ensin on jotain jota kadutaan. On tehty tai sanottu jotain sellaista josta seuraukset ovat aiheuttaneet tuskaa, surua, kipua itselle tai toiselle osapuolelle. Katumus synnyttää tarvetta pyytää tehtyä tekemättömäksi. Anna anteeksi, unohda sanani, tekoni. Ei, ei se mene niin. Miksi pitäisi unohtaa mitä on tapahtunut? Kokemukset näistä tapahtumista kasvattavat meitä jokaista tapahtumaan osallistunutta, kuin myös jokaista asioita läheltä seurannutta. Ei unohdeta. Annetaan anteeksi! Tarkoittaa – en soimaa, en syytä sinua. Myöskin, jos asiat ovatkin kohdistuneet omaan itseen, tekijään. Annan anteeksi itselleni, en soimaa, en syytä itseäni. Annan anteeksi tekoni, sanani. Otan kaiken tapahtuneen henkiseksi kasvukseni, ymmärrykseksi!

Tekoja seuraa palautus. Ymmärrys auttaa elämässä eteenpäin valintoja jatkossa tehdessä. Annan anteeksi - *on rakkautta itseen ja lähimmäisiin. Rakkaus – kaiken se uskoo, kaiken se toivoo, kaiken se anteeksi antaa.* Anteeksiannolla heitämme syytökset ja soimaukset pois sisältämme.

Sydämemme on puhdas ja kevyt vastaanottamaan rakkautta, ei katkeruutta. Katkeruus syntyy syytöksistä itseen ja lähimmäisiä kohtaan. Elämä on julmaa ja kylmää katkeralle.

Anteeksianto vapauttaa syytöksistä. Syytökset sisällämme ovat kuin tauti ja sairaus, ne jättävät kehoomme jälkensä. Anna ymmärryksen valaista mielesi ja vapauta itsesi syyllisyyksistä.

Syyllisyydestä vapautettu tuntee niin suurta iloa, ettei anna enää tekojensa tulla elämäänsä uudelleen. Aito anteeksianto vapauttaa! Ymmärrys tekojensa seurauksista lisää viisautta!

Aito sisältä sydämestä kumpuava katumus synnyttää anteeksiannon. Energiassa ei voi valehdella. Olet juuri se mikä olet, henkinen – joka pyrkii kehittymään kohti korkeampaa ulottuvuutta. Ole nöyrä!

Mitä on nöyryys?

Nöyryys on sen tietämistä, ettei tiedä kaikkea. Moni mieltää nöyryyden alentamiseksi! Ei! Ei! Sitä se ei ole! Alentaminen on asia josta nyt ei puhuta! Nöyryys kunnioittaa kaikkea olemassa olevaa suurena, arvokkaana kokonaisuutena. Nöyrä sydän/ mieli rakastaa ehdoitta – pyyteettömästi. Nöyryys ei ole vaatimassa eikä hallitsemassa! Nöyrä tietää, että kaikki on juuri niin kuin pitää.

Nöyryys ei ole itsensä alentamista. Nöyryys kunnioittaa kaikkea elämää, myös itseään. Nöyrä ihminen kuulee sisimpänsä ohjauksen paljon helpommin kuin ihminen joka on viettiensä viemä, kateellinen, ahne, ylpeä ym. ym. Nöyrän sydämessä kiusaajien äänet ovat kesytetty. Nöyrä ihminen on henkisesti vahva. Nöyrä ihminen uskaltaa seurata sisimpänsä ohjausta minne se elämässä viekin, välittämättä ulkopuolisten ivailuista tai kiusaamisista. Nöyrä ihminen luottaa itseensä, kunnioittaa itseään, ylenkatsomatta ketään muuta.

Miten uskon itseeni?

On vaikeaa uskoa itseensä, jos ei usko mihin-
kään. Usko on luottamusta. Luottamus syntyy
kokemuksista joita elämä meille tuo. Jos on
aina kuunnellut muilta ohjeita tekemisiinsä,
omaan itseen uskominen on heikkoa.

Meillä kaikilla kuitenkin on sisäsyntyinen tieto
totuudesta. Kysymys onkin, kuuluuko sisäinen
ääni ja onko siihen luottamista? Onko tuo ääni
todella se sielun sisimmän ääni? Kuuluuko
ääni kenties niille monille alemman minän ää-
nille, jotka houkuttelevat meitä tekemään sel-
laisiakin asioita joiden tiedämme olevan vas-
toin omaatuntoa – sisimpäämme. On aivan
tervettä epäillä ääniä jotka houkuttelevat meitä
sellaiseen, jonka me sisimmässämme tie-
dämme kyseenalaiseksi.

 – Kiusausten äänet tunnistetaan suurimmaksi
osaksi siitä, että synnytetään pelkoa monella
tapaa: toiset nauravat sinulle, toiset uhkailevat
- jos ei toimi kehotusten mukaan. Pelko on te-
hokkaimpia keinoja joilla houkutellaan meitä
tekemään alemman minän tahdon mukaan.

Häpeä, hylätyksi tulemisen pelko ovat isoja asioita kenelle vain. Vasta kun on oppinut kuuntelemaan sitä oman sielun sisimmän ääntä, (voidaan kutsua myös omaksitunnoksi, vaiston ohjaukseksi) voi luottaen kulkea elämänsä tietä.

Muistutamme ettei sielun sisin milloinkaan pakota, pelottele tai uhkaile millään tavoin, vaan ohjaa lempeästi kohti parasta mahdollista valintaa.

Kun oppii erottamaan sen pienimmän ja lempeimmän äänen, uskoo, luottaa siihen, kulkee kohti valoa!

Tie on mutkikas ja täynnä kiusauksia, mutta luottaen hyvään ja oikeudenmukaiseen tapaan toimia, kaikki käy parhaalla tavalla.

Täytyyhän meidän kokea kiusaukset, miten me muuten osaamme erottaa ne valon tiestä!

Vahvuutta saamme, kun kuuntelemme sisimpäämme, oikeudentajuamme siitä mikä on oikein.

Oikein sanalla tarkoitamme tekoja, valintoja, jotka ovat kaikkien parhaaksi, itsemme mukaan lukien. Itsen mukaan lukien, jotta emme lankeaisi uhrin asemaan, (kutsumme sitä oman itsen alentamiseksi) - suuremmaksi osaksi. (Jeesus kuoli ristillä meidän syntiemme vuoksi, tätä kutsumme marttyyriudeksi. Hänellä oli suurempi tehtävä tässä fyysisessä elämässä).

Kun tekee itsestään uhrin, tuo tunne tulee omasta itsestä. sisältäpäin. Esim. "Miksi minun täytyy aina tehdä tämä?" Uhri pyrkii tekemään itsestään myös marttyyrin. On aivan toinen asia, kun uhriksi joutuu ulkopuolisten toimesta, esim. fyysisen väkivallan uhri.

Valintoja tehdessä, kysy itseltäsi, miltä tuo valinta tuntuu? Jos teen näin – tuntuuko hyvältä? Jos teen toisin – tunnenko epäröintiä?

Vastaamme: - *Jos epäröit, niin älä!*

Toimi niin kuin sinusta hyvältä tuntuu. Se ei välttämättä ole hyvä tapa katsottuna maallisin silmin, menetät taloudellista etua, menetät ystävän ym. ym.

Vastaamme: *Uskollisuus omalle sisäiselle sielun johdatukselle vie aina parhaaseen mahdolliseen lopputulokseen itsesi ja ympäristösi kannalta.*

Henkinen tiesi kantaa sinua ja elämääsi aina.

Todellisia ystäviä ei menetä, vastoinkäymiset lujittavat suhteita – edellyttäen että kunnioitetaan sisimmän totuuden arvoja.

Energiassa ei voi valehdella!

Siispä hiljennä mielesi ja tutustu omaan sisimpääsi, joka on ainutkertainen, sinun parastasi tarkoittava voima. Luota sisimpäsi johdatukseen, uskalla seurata luottamuksella kutsumusta, joka vie sinut ihmeelliseen oman elämäsi seikkailuun!

Esoteerista filosofiaa

Aikojen alusta on kirjoitettu totuuksia. Totuuksia, jotka eivät pala tulessakaan. Samoin eivät aikakirjoihin kirjoitetut elämänviisaudet, ohjeet, opastukset muutu elämän virrassa vaikka elämäntavat ja ihmiset muuttuvat – elinympäristö muuttuu.

Elämän viisaudet on tarkoitettu ohjenuoraksi jokaiselle sitä haluavalle henkisen tien kulkijalle. Henkisen tien kulkija kokee jossain vaiheessa välttämättömyydeksi löytää ja tutustua niihin. Tulee henkisen viisauden kaipuu – jano. Tietoa on kirjoitettu monella kielellä, monessa kulttuurissa. Etsivä löytää, kuten sanotaan. Kun oppilas on valmis, opettaja ilmaantuu. Elämän viisautta on monenlaista. Viisaus pysyy muuttumattomana aikakaudesta toiseen, - sen tunnistaa siitä. Jokainen henkisen tien kulkija joutuu erottelukyvyn taidon testeihin. Monet kerrat langetaan vähemmän totuutta sisältäviin sanontoihin.

Erottelukyky onkin jokaisen henkistä tietä kulkevan ensimmäinen testi. Mihin luotan? Mihin uskon? Sanomme: *Kuuntele sisimpääsi – tunnet totuuden – se ei pala tulessakaan*, eikä muutu, katsot sitä sitten miltä kantilta tahansa.

Henkinen tie on koettelemusten tie. Se vie kohti syvempää viisautta ja kaikkiallista Rakkautta. Valoa kohti. Rohkea kulku – vastoinkäymisten kohtaaminen pelotta – vie lopulta perille. Tie ei ole helppo, sen ei pidä sitä ollakaan. Miten me muuten saisimme voimaa, *voimaa läheisten auttamiseen, - valon tuomiseen pimeyteen*. Tieto tuo tuskaa, mutta myös sitä viisautta joka auttaa ymmärtämään tämän maallisen elämän tarkoituksen. Olemme täällä toisiamme varten.

Ota riski!

Pohditaan tilannetta, jossa henkisen tien kulkija joutuu valintojen eteen. Oikeastaan koko elämä on valintoja. Henkisyys antaa sille selvemmän merkityksen. Valinnat muuttuvat kauaskantoisemmiksi. *Syntyvät seuraukset syvällisemmän merkityksen saamiseksi elämään ja ympäristöön hyvää tarkoittavalla tavalla.* Henkisyys auttaa näkemään asiat pintaa syvemmältä. Kaikki ei ole sitä miltä näyttää! Ei todellakaan!

Henkisen tien valinnut löytää merkityksiä sieltä mistä muut näkevät vain pinnan.

Henkinen ihminen katsoo tarkoitusta – tarkastelee motiivia. Maallinen, materiaa kunnioittava ihminen näkee pinnan – teot – tekojen seuraukset (fyysiset).

Henkisyys auttaa tarkastelemaan *motiivia*!

Miksi tehtiin tai sanottiin niin kuin sanottiin? *Kun* motiivi on näkyvillä – teko saa toisenlaisen perspektiivin. Ymmärrys tekoa kohtaan seuraa välittömästi. Joten henkinen ihminen on hyvä kuuntelijana ja ymmärtäjänä.

Henkisen tien kulkija kohtaa tilanteita, joissa valinnoilla on aivan erilaiset merkitykset ja seuraukset kuin ihmisellä joka ajattelee vain materiaalisen hyödyn pohjalta. Henkinen ymmärrys luo valintoihin painoa ja seuraukset ovat toisenlaiset. *Kenellä on tietoa mukana valintoja tehdessään, on myös täysi vastuu seurauk-sista, tietoisesti.*

Meillä kaikillahan on vastuu teoistamme, seu-raukset tulevat vääjäämättä meille kaikille energian lakien mukaisesti. Materiaalinen ihmi-nen ei vain näe asiaa syvemmältä. Hänen va-lintansa ovat siten toisenlaisia.

Selittelyt eivät tuota tulosta. Vastuu omasta elämästä on henkisellä ihmisellä tietoisempaa. Eli - kun on kirjaimellisesti oman elämänsä luoja, ei ole valitusoikeutta! On vain otettava kokemukset opiksi ja jatkettava tien kulke-mista. Henkisyys tuo elämään niin suurta rik-kautta kokemuksien kautta, että maallisen tien kulkijan mammona ja maine eivät ole mitään verrattuna siihen. Ennen kaikkea mammona jää tänne maalliseen, sitä ei saa mukaan, kun on aika lähteä tästä elämästä. Maallisessa omaisuudessa kiinni olevan ihmisen mieli jää monesti kiinni tuohon materiaan niin, ettei sielu kuoleman jälkeen pääse jatkamaan kehitys-tään ennekuin materiaalisuuden merkitys on tullut hänelle selväksi. – Materia on täällä käy-tettäväksi – ei omistettavaksi. Emmehän omista edes omaa kehoamme! Sekin jää jälkeemme! Tieto tästä auttaa henkistä ihmistä jatkamaan kehitystään aivan toisilla sfääreillä kivuttomasti, ei ole luopumisen tuskaa!

Oman Tahdon julistus

Miten jatkuu henkisen kulkijan tie? Se menee koettelemuksesta toiseen. Varmistusta henkisten voimien kasvulle ja ennen kaikkea onko Tahto voimakas Valon suuntaan.

Valon suuntaan, koska varjoja on tiellä – eksyminen on joka hetki todellista.

Kulkijan on syytä tunnistaa tiellä olevat kiusaukset. On paljon myös susia lampaiden vaatteissa, *kavalaa tekeytymistä ystäväksi – kulkijan parasta ajattelevaksi.* Hämäys onnistuu monesti, ellei kulkija ole valpas ja tarkkaile koko ajan tuntemuksiaan - sielunsa sisimmän ääntä. Ääni kertoo totuuden myös valepukuisista. *Energiassa ei voi valehdella.* Kun on valveilla ja kuuntelee – ei ole vietävissä.

Ennen kuin kulkija aloittaa henkisen tien kulkunsa, oman tahdon julistus henkisen tien kululle on se ensimmäinen tehtävä. Kaikki ihmisen elämän kulun valinnat kerrotaan oman Tahdon julistuksilla. Henkimaailman oppaat ja opettajat ovat odottamassa milloin oppilas on valmis. Meille on annettu vapaan valinnan oikeus.

Oikeus valita

Oikeus valita oma tiemme. On myös valittavana negatiivinen tie. Tällä tiellä kaikki kohdistuu maalliseen materiaan, tekoihin näkyvin jäljin. Motiiveina esim. ahneus, ylpeys, katkeruus, irstaus.

Valon tiellä keskitytään sielun sisimmän hyvinvointiin – oman itsen kunnioittamiseen, hyvän tekemiseen toisille. Valon lisäämistä sinne missä on pimeää ja missä vaeltaa monta onnetonta eksynyttä kulkijaa, rakastamaan lähimmäistään kuin itseään.

Miten monesti eksyykään kulkija.

Oman itsen soimaaminen ei ole oikea teko. Teon ja sen seurausten ymmärtäminen ovat se – johon on tämän kulkijan, joka on valinnut valon tien kuljettavakseen – osa.

Välitön seuraus - kasvua kipujen kautta.

Oppilas on valmis jatkamaan kun hän on ymmärtänyt tarvinneensa tätä koetusta. Koetukset seuraavat meitä koko tämän elämän ajan ja myös seuraavien. Vain koetusten kautta voimme todeta olevamme valon tiellä, kun emme enää lankea varjoihin. Jos lankeamme, olemme olleet huolimattomia valppauden suhteen, samoin tietoisuutemme taso on ollut kiinni maallisessa. Tie, jota kuljemme kohti valoa, on kivinen. Kompastelut välttämättömiä! Emme kuitenkaan voi luovuttaa!

Emmekä vaipua itsesyytöksiin!

Olemme olleet tuon kokemuksen tarpeessa saadaksemme vahvistusta ymmärryksellemme, lujittaneet tahtoamme kulkea valon tietä.

Muistakaamme oppaamme ja ohjaajamme, viisaat mestarimme, he odottavat meitä. He eivät neuvo tai opasta ellemme käänny heidän puoleensa opastusta pyytämään. Kunnioitus vapaan valintamme oikeuteen on ehdoton.

Saamme apua kun sitä pyydämme, *ilmoitamme* oman tahtomme. Muulloin olemme omien valintojemme seuraamuksissa.

Sisäisen äänen kuuntelu – hiljentyminen – ovat siten tärkeitä tekoja henkisen tien kulkijalle.

Kun kulkiessa kohtaamme asioita, jotka nostavat pintaamme tunteita – ärsyyntymistä, kiukkua, jopa vihaa. Älkäämme pelästykö! Älkäämme myöskään kääntäkö tuntemuksiamme – ulkopuolista kohtaan (häntä, joka tuon tunteen meissä nostatti).

Tunteet ovat meissä itsessämme. Tarkkailkaamme sisintämme löytääksemme tuon tunteen aiheuttajan – sisimmästämme. Rehellinen syyn tutkiskelu johtaa tunnepurkauksen syyn todelliseen alkuperään, meissä itsessämme. Nostakaamme "kissa pöydälle". Tutkikaamme rehellisesti asiaa. Opimme jotain itsestämme, jotain, jota olemme piilotelleet naamiomme takana. Älkäämme ampuko viestin tuojaa! Hän on meidän henkinen sisaremme/veljemme –

auttamaan saapunut oppiaksemme totuuden itsestämme. Tämä, jos joku vaatii todellista sielun sisimmän aitoa tarkastelua! Rehellisyyttä! *Energiassa emme voi valehdella!*

Oppikaamme näkemään totuus itsessämme – näemme totuuden kaikkialla! Näin lisäämme henkistä syvää ymmärrystämme, kohotamme energiatasoamme kohti korkeuksia!

Vinkkinä henkisen tien kulkijalle:

Kun läheisesi, kuka vain toinen ihminen – sanoo tai tekee jotain, joka loukkaa sinua (emme tarkoita tässä fyysistä väkivaltaa), mieti miksi tunnet niin kuin tunnet? Onko sisälläsi tieto, että tuo toinen osui oikeaan? Etkö ole halunnut tunnustaa asiaa itsellesi? Oletko jo soimannut siitä itseäsi?

Meillä on monesti itsesyytöksiä sisällämme. Esim. Pitäisi lopettaa tupakanpoltto, tuhlaan aivan liikaa rahaa turhuuksiin, pitäisi aloittaa laihduttaminen, pitäisi olla ahkerampi ym. ym. Jos emme ole sinut itsemme kanssa – tasapainossa – omien sisimpien tuntemuksiemme kanssa, saattavat tunnekuohut yllättää meidät, emme hallitse niitä.

Henkisen tien kulkija osaa kääntyä sisimpänsä puoleen ja saattaa itsensä tasapainoon (hallita tunteensa). Pinnallisen – alemman minän vallassa oleva kulkija suuntaa tunteensa tuohon ulkopuoliseen tunteen nostattajaan. Purkaa kiukkunsa ulos itsestään pohtimatta asiaa syvällisemmin. Syntyy eripuraa, riitoja, sanalla sanoen syntyy - negatiivista energiaa.

Tässä erot. Kysymmekin nyt: Haluatko kulkea positiivista tietä vai valitsetko tuon toisen tien?

Ilmaise TAHTOSI henkioppaillesi ja suojelijoillesi!

Tahdon ilmaisulla kerromme energiaan auttajillemme miten haluamme kulkea, miten apua tarvitsemme. Huomioitava asia on tässä tuo Tahto – sen julkituominen. Siinä ei yksistään vaikuteta kulkuun henkisellä tiellä, vaan myös toiveet, halut, kaikki mihin ajatuksemme kohdistamme, ovat tahtomme ilmaisuja. Kaikki kiinteästi ajattelemamme asiat ovat tahtomme ilmaisuja. Tässä piilee myös ansa, tarkkaile ajatustesi kulkua! Miten moni tuntee sisällään alemmuutta. "Minä en osaa tuota – pieleen menee. Olen huono oppimaan. Minulla on aina huono tuuri – ei onnistu."

Jos kiinnitämme mielemme tuollaiseen – on se samalla myös tahtomme ilmaisu!

Tarkkailkaa ajatuksianne!

Kääntäkää ajatusenergianne positiiviseen! "Minä opettelen, minä opin! Minä onnistun kun oikein yritän! Minä olen hyvä juuri tällaisena kuin olen!"

Miten valitsen?

Kaikki tapahtumat elämässäni on tarkoitettu minulle hyväksi, *kokemuksiksi henkiselle kasvulleni.*

Tässäkin on jälleen kyse valinnasta. Valitsenko ymmärryksen henkiselle kasvulle, tutkimalla tapahtumia elämässäni positiivisessa hengessä, ymmärtämällä teot ja seuraukset, vai valitsenko toisen tien? Ajattelenko kaiken epäonnen ja kärsimyksen olevan toisten – ulkopuolisten aiheuttamia, minun kiusakseni. Otanko osakseni tuntea kiukkua, vihaa ja katkeruutta?

Kun henkisesti voimme pahoin, olemme täynnä negatiivista energiaa, aiheuttaa se ennen pitkää kehollemme sairauksia. Valitsemmeko negatiivisen tien? *Valinta on meidän!*

Onnellisuus

Onnellisuus ei ole kohtalon suomaa*! Onnellisuus on taitolaji!*

Ajattele itsesi onnelliseksi!

Sinulla on monia kymmeniä syitä iloita – olla onnellinen! Etsi!

Etsi syitä olla onnellinen.

Ovatko aistini toimivia – pystynkö näkemään?

Kuulenko lintujen laulun, ihmisten puheensorinan, musiikin?

Saanko sanotuksi ääneen - kiitos kaikista lahjoista joita olen saanut!

Osaanko laulaa, piirtää, tehdä käsilläni töitä?

Pystynkö kulkemaan paikasta toiseen omin avuin?

Onko vatsani kylläinen?

Olenko lämpimästi puettu?

Saanko kallistaa pääni tyynylle kun olen väsynyt, mennä peiton alle lämpimään?

Onko ystäväni valmis kuuntelemaan kun minulla on murheita?

Olenko itse valmis auttamaan ystäviäni kun he tarvitsevat apua?

Onko minulla ystäviä?

Onko minulla taito kirjoittaa ylös paperille kaikki ne syyt joista olla onnellinen?

Ajatusten hallinta, tietoinen valinta olla onnellinen, on taitolaji!

Onnellisuus on iloa - kiitollisuutta

Taitolaji koko elämä, kaikki tyynni, jokainen valinta – teon, tekemättömyyden, sanojen, sanomattomuuden suhteen. Valintoja – valintoja. Miten monesti päivässä teemmekään valintoja? Niin monesti, ettei sitä edes osaa laskea yhtäkkiseltään!

Toimimme enemmänkin tottumuksen ja vaistojemme tuntemuksien mukaan, pysähtymättä miettimään sen kummemmin!

Mutta, jos tiedostaisimme valintojemme merkityksen omaan elämäämme ja tulevaisuuteemme, siihen joka on ja tulee olemaan sitä meidän omaa elämäämme, kokemuspiiriämme, tunnemaailmaamme, tiedostaisimme valintojemme painavuuden, rooliimme oman elämämme luojina, ottaisimme toisenlaisen asenteen, *valitsisimme tietoisesti*! Osaisimme ottaa vastuun oman elämämme tapahtumista, siitä tilanteesta jossa olemme.

Tietoisuus oman elämämme luomisesta tuo mukanaan myös vastuun!

Olemmeko valmiit siihen?

Olemmeko valmiit hyväksymään sen tosiasian, että juuri tässä hetkessä kaikki on niin kuin pitääkin, vai onko helpompaa vierittää syitä olotilasta muiden harteille? Olosuhteille tai kohtalolle, joka on meitä vastaan. Ei onni potki, ei suo onnetar lahjojaan.

Vastuunottamattomuus – vastuuttomuus – tekee meistä kuin lastuja laineilla, heittelehditään minne elämä vie muiden mukana, - olosuhteiden vankina.

Jokainen meistä voi pysähtyä ja huutaa:" Maailma seis! Tahdon ulos! Aloitan uudelleen toisella tavalla. Teen tietoisia valintoja. Mikä on minulle hyväksi?"

Tunnenko onnellisuutta toimiessani niin taikka näin? Tehdessäni valintoja, jotka ovat omaksi parhaakseni (muita hyväksikäyttämättä, läheisiä ja elämää kunnioittaen) – tunnen ilon sisälläni. Olen onnellisempi, tasapainoisempi. Kun näin elän ja toimin, säteilen tuota iloa myös läheisilleni, tuotan näin iloa ja hyvää mieltä missä sitten kuljenkin.

Omat valintani sisintäni kuunnellen omassa elämässäni tuottavat hyvää myös läheisilleni! Onnellinen ihminen ei kanna negatiivista energiaa sisällään. Onnellinen ihminen tekee hyviä tekoja, puhuu ystävällisiä sanoja, tuottaen lisää positiivista energiaa!

Valinta on meidän!

Kunnioita ja rakasta lähimmäistäsi kuin itseäsi. Tee hyvä valinta, kaikkien parhaaksi. Kun itse voit hyvin, myös lähiympäristösi voi hyvin. *Olet oman elämäsi Luoja! Tapahtukoon sinun Tahtosi!*

Valintojen motiivit

Valintojen motiivien pohtiminen jälkikäteenkin tuottaa tulosta oman itsen tuntemisessa. Sen aidon oman itsen, joka on energiaa ja juuri sitä mitä on! *Energiassa ei voi valehdella!*

Todellinen motiivi! Mikä se on? Kun tarkastelemme tekojamme jälkikäteen, saamme monenlaisia selityksiä itseltämme miksi tein niin kuin tein.

Sanomme: Älä anna periksi! Älä usko heti ensimmäistä selitystä. Kysy itseltäsi aina uudelleen ja uudelleen – miksi? Huomaat miten ajatuksesi muuttuvat ja esiin nousee uusia selityksiä teollesi. Ensimmäinen selitys oli se kaunein ja paras, oman itsen paremmuuden kiillotusta. Toiset selitykset lähenevät jo todellista totuutta. Kun et anna periksi, löydät sen mitä etsit, todellisen motiivin teollesi. Mikä tärkeintä – opit tuntemaan todellisen aidon sisäisen itsesi! Kun näin toimit, olet ja osaat olla rehellinen itsellesi ja kuten tiedämme, se rehellisyys toimii myös ulospäin. Opit tunnistamaan aitouden tai epäaitouden (pinnallisen kiillotuksen), näet pinnan alle myös lähiympäristössäsi ja kaikkialla elämässäsi!

Auttamalla läheisiäsi myös tunnistamaan aidon motiivinsa, opettamalla heitä löytämään totuuden, autat luomaan maailmaa paremmaksi paikaksi elää ja kasvaa henkisesti.

Totuuden katsomista silmiin voidaan kuvata rohkeaksi teoksi! Totuus ei ole aina kaunista katsottavaa!

Olemme kuvitelleet olevamme jaloja ja hyvää tekeviä, muita auttavia ihmisiä. Ihmisiä joita kunnioitetaan tekojensa tähden. Kun olemme tarpeeksi rohkeita tarkastelemaan todellisia motiivejamme, huomaamme kenties, ettei jaloutemme muiden auttamisessa ollutkaan jaloutta, vaan oman itsen arvon korottamista heidän silmissään. Halu nousta korokkeelle joka on meitä varten pystytetty. Onko siis jalouteni paremmuutta sielussani, vai vain halu näyttää paremmalta muiden silmissä?

Todellinen motiivi – totuus, kertokoon sen meille.

Toisen auttaminen ylenpalttisesti – suoraviivaisesti – ilman, että apua on edes pyydetty, millä motiivilla toimitaan?

Onko kysymys hallinnasta? Toisen ylitse menemisestä? Tehdäänkö sillä oma olo paremmaksi? (Olen parempi – autan huono-osaisempaa).

Totuudessa – energiassa – olemme kaikki yhtä rakkaita – yhtä hyviä.

Olemme täällä kokemassa tuntemuksia, keräämässä viisautta, henkisesti kasvamassa – korottamassa energiatasoamme.

Henkisessä laissa todetaan: *Kun apua pyydetään, apua annetaan.*

Toimikaamme samoin, kun apua pyydetään – annetaan apuamme. Kunnioittaen autettavan olemusta, hän on täällä hankkiakseen hänen tarvitsemiaan kokemuksia. Katsokaamme häntä silmiin ja nähkäämme miten suuri sielu asustaakaan tuossa kehossa. Tuntekaamme kunnioitusta häntä kohtaan. Kiittäkäämme häntä siitä, että olemme saaneet auttaa ja tuntea tuota suurta ilon tunnetta jota tuo auttamistilanne meille auttajille tuo. Sen suurempaa kiitosta ja kunniaa ei auttaja kaipaa. Ehkäpä seuraavassa elämässä ovat osamme vaihtuneet ja olemme itse autettavana.

Raamatussahan todetaan: Rakasta lähimmäistäsi kuin itseäsi.

Älä tee toiselle mitään mitä et haluaisi itsellesi tehtävän.

Oman itsemme tuntemisen kautta opimme tunnistamaan totuuden myös muissa. Näemme paremmin, ymmärrämme paremmin, olemme matkalla totuuteen, - Valoon.

Omia motiivejamme tarkkaillessamme koemme monenlaisia tuntemuksia, niin pitääkin. Eivät matalat energiat minnekään ole hävinneet, olemme voittaneet ne, joka kerta kun tunnistamme nuo houkuttelevat ilkimykset ja ohitamme ne valiten valon vaihtoehdon, vahvistamme sielumme valoa ja vähennämme pimeyden voimaa.

Voimme sanoa että negatiiviset energiat ovat meidän harjoitusvastustajiamme. Tarvitsemme niitä. Miten me muuten tietäisimme millä tiellä kuljemme. Valinta joka hetkessä pitää meidät valppaina ja voimakkaina kulkemaan Valon tietä.

Tärkeintä on tiedostaminen

Tärkeintä tässä on tiedostaminen. Valintatilanteissa huomaa valintojen – mahdollisuuksien moninaisuudet. Pystyy pohtimaan eri valintojen seurauksia, tiedostamaan oman vastuunsa, tekemään tietoisen valinnan. Olivatpa seuraukset valinnoista minkälaiset tahansa, valinta oli minun. Myös seuraukset ovat minun. Valintani antavat minulle ne kokemukset joita tarvitsen, ymmärtääkseni paremmin, kehittyäkseni henkisesti korkeammalle, kohti Valoa.

Toinen tie on se katkeruuden tie, negatiivisen energian lisäämisen tie. Valinta oli toisten takia tehty, motiivit toisenlaiset – maalliset edut, maine, taloudelliset voitot, ym. ym. Kun näitä ei saavutetakaan sitä mitä valintaa tehdessä odotettiin, syntyy katkeruus ja toisten syyttely, omasta valinnasta huolimatta. Vastuunottamattomuus – vastuuttomuus – heikentää energiaamme valossa. Pimeys lisääntyy.

Valinta on meidän! Vastuu valinnoista on meidän. (Tosin jos aseella uhataan ja pakotetaan tekemään vastoin tahtoa – valinta ei ole oma). Kokemus siitä on oma. Kokemus joka opettaa näkemään asioita uudella tavalla, ymmärtämään, että maailmassa on voimia, joiden vastustaminen vaatii todellista rohkeutta!

Jokapäiväinen jälkikäteen tapahtuva tapahtumien tarkastelu auttaa ymmärtämään omaa itseä paremmin kuin mikään muu.

Rehellisen motiivin perääminen tuottaa tulosta. Kun oma sisin itse on tunnistettu, valintojemme motiivit selvitetty, se aito motiivi, tunnenhan jo itseni, en kaunistele enää! Tulevat valintamme ovat tietoisempia! *Olemme oman elämämme luojia!*

Kuinka tunnistan itseni?

Kuka ja minkälainen minä olen?

Siinäpä kysymys. Jos kyselet ystäviltäsi asiaa tai ihmisiltä jotka ovat kanssakäymisissä kanssasi. Saat varsin erilaisia vastauksia. Tuskin aina edes tunnistat itseäsi niistä! Siispä, meistä on moneksi! Vai onko? Jokainen sinut kuvaillut ihminen näkee sinut omien "silmälasiensa" läpi, kuvailee sinua omien tuntemuksiensa kautta. Joten, enemmän nuo kuvailut kertovatkin puhujasta itsestään kuin sinusta!

Kuka siis minä olen? Minkälainen olen?

Yksi tapa tutustua itseensä, aitoon itseensä, on miettiä elettyä elämää. Minkälaisia tilanteita ja olosuhteita olen kohdannut? Miten olen niissä toiminut? Millä motiivilla olen valintani tehnyt? Minkälaisia tunteita olen elämässäni kokenut? Miksi? Mikä oli tilanne kun olin voimakkaassa tunnetilassa? Mitä siitä seurasi? Miten koin asian jälkikäteen? Jäikö sisälleni onnellisuutta, tasapainoista oloa, katkeruutta, suorastaan vihaa?

Voimakkaat tunteet synnyttävät voimakkaita muistoja. Vaikuttavat olemukseemme..

Palaa muistoihin, etenkin jos ne ovat negatiivisia. Pyydä hyvää ystävääsi olemaan kanssasi, jos tarvitset tukea tuntemuksissasi. Voimakkaat tuntemukset nousevat pintaan samoin kuin ne olivat tapahtumishetkellä. Koe ne pois. Ystävän tuki auttaa sinua kohtaamaan nuo tapahtumishetken tunteet turvallisesti. Palauta tilanteet mieleesi niin elävästi kuin pystyt, koe tapahtumat uudelleen. Koe tunteet ja anna vastapuolelle anteeksi, anna anteeksi myös itsellesi. Tiedä että siinä ajassa ja siinä tilanteessa tapahtuneet ovat takanapäin.

Palaa muistoihin joissa koit onnellisuutta, tasapainoista harmoniaa.

Kaikki elämäsi kokemukset ovat kasvattaneet sinusta sen, mikä olet tänään tässä ja nyt!

Kuka sinä siis olet? Olet kokemuksiesi summa!

Kokemuksista opimme, tarkoitus on oppia. Olemme elämän koulussa, jossa on kokeita – tenttejä silloin tällöin. Kun väistelemme vastuuta tekemisistämme, jäämme "luokalle". Samantapaiset tapahtumat tulevat toistumaan elämässämme, kunnes opimme tuon vastuunoton ja ymmärrämme omien valintojemme tuottavan noita seuraamuksia – kokemuksia, joista olemme ensin syyttäneet kaikkia muita – olosuhteiden lisäksi.

Jos sisälläsi on negatiivisia tunteita, käsittele ne rakkaudella ja anteeksiannolla. Ymmärrä, että tilanteet ovat nyt toisenlaiset.

Jos tilanteet ovatkin edelleen samantapaiset, mieti pystytkö omilla valinnoillasi vaikuttamaan tilanteen muuttamiseksi positiiviseksi. Vain sinä itse olet oman elämäsi luoja. Sinulla on valinnan vapaus.

Tiedä, että sinä itse voit antaa itsellesi tehdyt - tekemättömät teot – sanat anteeksi. Ymmärtämällä, että siinä hetkessä, siinä tilanteessa ja ajassa et ole osannut - voinut tehdä muuta valintaa. Olet ollut silloin juuri sellainen kuin olit, omana itsenäsi. Elämä kuljettaa meitä tapahtumasta toiseen, oppiaksemme, kasvaaksemme henkisesti, ymmärtämään anteeksiannon ja kaikkiallisen rakkauden merkityksen. Kun

olemme kohdanneet kaikki aikaisempien teko-
jemme negatiiviset seuraukset ymmärtäen nii-
den hyvää tarkoittavan vaikutuksen, olemme
astuneet askeleen eteenpäin tällä henkisellä
tiellä.

Olemme lähempänä valoa!

Ymmärrämme myös miten meidän valintamme
ovat vaikuttaneet monen muun läheisen elä-
mään. Kaikella on aikansa ja paikkansa. Syylli-
syyttä ei kannata tuntea lähimmäisten tunte-
masta surusta tai kärsimyksestä. Oppikaamme
tuntemaan myötätuntoa, ei sääliä. Kokemuk-
set ovat luotu kasvattamaan ymmärrystä ja lä-
himmäisen rakkautta. Ymmärtämällä tämän
osaamme olla tukena toisillemme, kunnioittaen
toisiamme, kunnioittaen elämää ympärillämme.

Omaa sisintämme kuunnellen opimme tunte-
maan oman itsemme. Avoin rehellinen tarkas-
telu tuottaa tuloksia.

Mistä pidän? Mistä en pidä? Mistä haaveilen?
Missä olen hyvä? Taidanpa jo tunnistaa itseni!

Kun tunnen itseni, tunnen myös kanssakulki-
jani.

II

Valintojen vaikeuteen

Valintoja teemme joka päivä

Valintoja teemme satoja joka päivä. Emme vain tiedosta tekevämme niitä. Toimimme tapojemme mukaan. Olemmeko tapojemme orjia? Miksi? Toisaalta tämä on hyvin ymmärrettävää, rutiini on tuttua ja turvallista. Helppoa. Esim. Ei tarvitse joka ikinen aamu punnita ajatusta – juonko kahvia, otanko teetä vai keitänkö puuroa – jos sittenkin syön tänään aamiaiseksi muroja. Huh! Käydä läpi valintoja mikä sopii minulle tänään, rasittaa aivojani ja saa minut ärtyneeksi. Sama juttu, mitä puen päälleni? Mitä reittiä menisin tänään töihin, kouluun, harrastuksiin, kauppaan.. Menenkö autolla, bussilla, pyöräillen, kävellen.. Sama valintojen vaikeus jatkuu tapahtumasta toiseen. Soitanko ystävälle, odotanko hänen soittoaan? Milloin? Mitä sanon? Mitä teen viikonloppuna? Lähdenkö matkalle? Minne? Millä tavoin? Yksinkö? Kenen kanssa? Kasvatanko parran? Viikset? Annanko hiusteni kasvaa? Värjäänkö? Millä värillä? Shampoo loppu, mitä ostan tilalle? Samaako, vai vaihdanko merkkiä? Ym. ym. Valintoja, valintoja joka hetki!

On aivan ymmärrettävää, että teemme tietyistä jatkuvasti tapahtuvista asioista rutiineja. Toimimme aina saman kaavan mukaan. Aivomme saavat levätä. Vaan uinuvatko aivomme ja ajatuksemme pian "Prinsessa Ruususen unta"? Ehdotanpa pientä koetta. Ihan vain virkistykseksi: Koetapa laittaa takki päällesi niin, että laitatkin ensin sen toisen käden (puemme takin päällemme aina tietyllä tavalla).

Jalkineiden kanssa sama juttu, aina ensin se tietty jalka (minulla se on aina oikea jalka – olen vasenkätinen). Pelkästään tällainen pieni kokeilu herättää aivosolumme – on ajateltava toiminto – se ei olekaan enää tuttu rutiini. Herätämme itsemme uneliaasta olotilasta. Tunnemme olevamme "skarpimpia". Toivottavasti herääminen auttaa meitä huomaamaan ne tärkeät valinnat, jotka kantavat meitä tulevaisuuteen, tiellä valoon, itsemme ja lähimmäistemme parhaaksi.

Tehkäämme hyviä valintoja.

Hän joka uskoo olevansa kohtalonsa armoilla, hän joka tuntee olevansa kuin lastu laineilla, avuton omassa elämässään, hän joka ottaa vastaan mitä julma maailma suo – herää! Olet oman elämäsi luoja! Omat valintasi kuljettavat sinua. Myös valitsemattomuus on valinta!

Mitä kylvää, sitä niittää.

Me saamme aina sen mitä ansaitsemme.

Syyn ja seurauksen laki toimii ehdottoman oikeudenmukaisesti.

Onko parempaa ja voimakkaampaa motiivia toimia oikein ja rehellisesti.

Välinpitämättömyys - - - - - - Kaikkiallinen Rakkaus

Viha, kauna - - - - - - - - - - - - Armo, anteeksianto

Kateus, katkeruus - - - - - - - - Oman itsen kunnioi-
tus

Ahneus - - - - - - - - - - - - - - - - Runsaus

Irstaus - - - - - - - - - - - - - - - - Sydämen rakkaus

Ylpeys - - - - - - - - - - - - - - - - - Nöyryys

Pelko - - - - - - - - - - - - - - - - - - Usko ja luottamus

Valintojen vaikeuteen:

**Jokainen valintamme johdattakoon tie-
tämme päivään ja valoon**

Välinpitämättömyys – Kaikkiallinen Rakkaus

Tässä apua asioiden tarkastelemiseen henkisin silmin, jos sinusta tuntuu, ettet oikeasti ole kiinnostunut omasta elämäntilanteestasi, et ole innostunut minkäänlaisesta muutoksen tekemisestä parantaaksesi olotilaasi, asemaasi, et vain yksinkertaisesti välitä.

Kysymys: Vähätteletkö itseäsi? Etkö usko että onnistut? Uskotko ettet saa apua tilanteen muuttamiseksi? Pelkäätkö epäonnistuvasi jos yrität? Oletko varma, että jos yrität ja epäonnistut, sinulle nauretaan, sinua pilkataan?

Jos näin on, opettele rakastamaan itseäsi juuri sellaisena kuin olet. Salli itsesi yrittää ja myös epäonnistua! Sillä tavoinhan me kaikki opimme, yrittämisestä, aina vain uudelleen, kunnes onnistumme!

Kun läheisesi huomaavat yrittämisesi, saat heiltä apua. Usko ja luota itseesi. Rakasta itseäsi juuri sellaisena kuin olet. Olemme kaikki erilaisia ja erilaisuus on rikkautta. Sisäistä tämä ja rakasta itseäsi ja elämää ympärilläsi juuri nyt tässä hetkessä.

Rakkaus: Kaiken se uskoo, kaiken se toivoo, kaiken anteeksi antaa.

Viha, kauna – Armo, anteeksianto

Vihaatko jotakuta tai jotakin? Tunnetko kaunaa tai katkeruutta jollekin jostakin tapahtuneesta? Onko sisälläsi vihaa, jonka alkuperää et tiedosta?

Tarkastele tunteitasi avoimesti. Osallisenahan on toinen tai toiset ihmiset, tapahtumat – ajattele kaikki asiat uudelleen ajatuksissasi rehellisesti. Pyri näkemään tilanteet ulkopuolisin silmin puolueettomasti. Mieti kaikkien osapuolien motiiveja, miksi? Ehkä löydätkin asioille toisenlaisen näkemyksen. Kokonaisuuden tarkastelu avoimin mielin auttaa näkemään kaiken uudessa valossa – syntyy ymmärrys. Kun tapahtumia tarkastelee puolueettomasti, on helppoa antaa anteeksi toiselle osapuolelle, kuin myös itselleen. Jokainen elämämme tapahtuma ja sen mukanaan tuomat tunnekokemukset kasvattavat meitä henkisesti. Henkisin silmin katsottuna, toinen osapuoli on ollut tärkeä opettajasi. Samoin se toimii myös toisin päin. Sinä olet ollut ja tulet olemaan opettajan roolissa monet kerrat elämäsi aikana. Kaikilla tapahtumilla, varsinkin niillä, jotka synnyttävät voimakkaita tuntoja, on tärkeä merkitys henkisessä kasvussasi. Vaikka tuntisit vihaa ja kaunaa ilman, että voit osoittaa tunteillesi kohdetta toisista ihmisistä tai asioista, on tärkeää löytää sisimmästäsi vastaukset kysymykseen – miksi? Tärkeää on ymmärrys, katumus ja anteeksianto. Vihan ja kaunan tunteisiin kiinni jääminen luo negatiivista energiaa, joka ajan kuluessa tuottaa kehoon vaivoja, sairauksia. Negatiivinen energia kuluttaa kehoasi syöden elämän energiaasi. Negatiivisuus vetää puoleensa negatiivisuutta. Ole armollinen itsellesi, pyydä anteeksi ja anna anteeksi. Ole armollinen itsellesi ja kanssaihmisillesi.

Kateus, katkeruus – Oman itsen kunnioitus

Kadehditko toisen onnea? Oletko kateellinen toisen omistamista tavaroista, upeasta kodista, uudesta kalliista autosta? Tunnetko piston sydämessäsi kun kuulet iloista naurua, näet onnellisia ihmisiä?

Käännä katseesi sisimpääsi, oletko itse onnellinen? Jos et – miksi? Vähätteletkö itseäsi? Etkö ole antanut itsellesi lupaa nauttia asioista joita elämä on eteesi tuonut? Etkö salli itsellesi hemmottelua? Oletko laittanut etusijalle toisten edun oman itsesi kustannuksella? Tunnet jääneesi vähemmälle?

Toisten edun laittaminen etusijalle epäitsekkäästi on ihan oikein, jos motiivisi tälle teolle ovat puhtaat. Teon puhdas motiivi täyttää elämän energiavarastoasi. Osaat iloita toisen onnesta. Toisten edun asettaminen etusijalle ilman oman itsen kunnioitusta on oman itsen vähättelyä. Teko itseään vähätellen synnyttää vajetta elämän energiavarastossa, syntyy katkeruutta, kateutta. Äiti laittaa etusijalle lapsensa oman sydämensä rakkaudesta. Se on antamista hyvässä mielessä. Oma itse ei tunne jääneensä vähemmälle. Oman itsen kunnioitus ei korota itseään paremmaksi muita, ei myöskään alenna itseään, vaan kohtelee kaikkia tasapuolisesti keskinäisellä kunnioituksella ja rakkaudella.

Rakasta ja kunnioita lähimmäistäsi kuin itseäsi.

Ahneus – Runsaus

Ahnehditko enemmän kuin tarvitset? Pelkäätkö, että muilla on enemmän ja parempaa kuin sinulla? Miksi? Oletko kenties jossakin vaiheessa elämääsi kärsinyt puutetta? Ehkä siksi! Ahmitko syödessäsi ruokaa vatsasi täyteen – ahdistukseen asti? Oletko kärsinyt joskus nälkää? Onko vaatekaappisi täynnä vaatteita joita et kuitenkaan käytä? Ostat kaikkea vaikka et tarvitse. Pelkäätkö jääväsi ilman ruokaa ja vaatteita?

Ole huoletta! Runsauden laki antaa meille aina sen minkä tarvitsemme. Se ei kuitenkaan välttämättä ole se mitä haluamme, mutta aina saamme sen mitä tarvitsemme!

Ahneus on mielen köyhyyttä. Ajattele itsellesi runsautta: "Minulla on aina kaikki se mitä tarvitsen." Moni rikas ihminen on mieleltään köyhä. Aina kokoamassa maallista omaisuutta, koskaan ei ole tarpeeksi. Miksi?

Onneton ihminen hän, joka omistaa kaiken sen mitä tarvitsee, mutta halajaa aina vain lisää.

Onneton, koska hänellä on kaikki mahdollisuudet kehittää itseään henkisesti, mutta hän käyttää kaiken mielensä voiman maallisen materian keräämiseen. Onneton, koska hän ei voi tietää ovatko läheiset todellisia ystäviä, vaiko vain hyväksikäyttäjiä. Onneton, koska pelkää menettävänsä jotain omistamaansa. Onneton, koska hän epäilee ystäviensä motiiveja.

Onnellinen on hän, joka tiedostaa, että hänellä on aina kaikki se mitä hän tarvitsee. Hän jonka mieli ei halaja lisää omaisuutta omistamisen vuoksi. Luottamus elämään antaa hänelle sellaista henkistä rikkautta joka seuraa mukana elämästä elämään kasvaen ja kehittyen matkalla. Hän – onnellinen, voi olla myös materiassa rikas, mutta hänen mielensä ei ole siinä kiinni. Hän tietää, että kaikki materia tässä maailmassa on käytettäväksi, ei omistettavaksi. Hänellä on aikaa ystäville, hän kehittää henkisiä hyveitä auttamalla ja kuuntelemalla läheisiään. Materia kuten tiedämme jää tänne fyysiseen maailmaan. Emmehän omista edes kehoamme. Rahallisesti rikkaasta tuleekin monesti köyhä, jos hänen mielensä on niin kiinni

maallisessa materiassa, ettei hän pysty jatka-
maan matkaansa toiseen valtakuntaan. Hän
jolla on luottamusta siihen, että hänellä on aina
kaikki se mitä elämiseen tarvitaan, vie muka-
naan henkisiä aarteita.

"Köyhästä" tuleekin rikas! Hänellä on henkistä
runsautta!

Miten tunnistan todellisen ystävän? Uskallanko
kertoa hänelle ikäviäkin asioita hänestä itses-
tään, vai pelkäänkö hänen loukkaantuvan ja
sanovan ystävyyden irti? Onko hän todellinen
ystäväni?

Todellinen ystävyys kestää kaikki kurjimmatkin
asiat. Ystäväthän ovat juuri siksi, että he kerto-
vat niistä negatiivista jutuista, joista kukaan
muu ei uskalla tai vain halua puhua. Ystävät
keskenään tietävät, että asioista puhutaan toi-
sen parhaaksi, ei vahingoksi.

Todellinen ystävyys on kallisarvoinen asia, ri-
kas hän jolla on yksikin todellinen aito ystävä.

Irstaus – Sydämen rakkaus

Himoitsetko toisen kehoa? Synnyttääkö alastomuuden katselu lihallista halua? Onko oma kiihkosi niin voimakas, ettet kuuntele vastapuolen tuntemuksia? Suvun jatkaminen on elämän luonnollisia asioita. Vain se, miten asia tapahtuu, on merkityksellinen. Onko mukana vain kiihkoa aktista? Tunnetaanko tilanteessa lämpöä toista kohtaan? Kunnioitetaanko vastapuolen tuntemuksia? Onko mukana sydämen rakkautta?

Himojen tyydytyksestä jää jälkeenpäin – hengityksen tasaannuttua hetken nautinnollisuudesta – tyhjä olo. Kumppani oli vain tarpeen tyydytyksen kohde.

Rakastelusta kumppanin kanssa, jota kohtaan tunnetaan sydämen lämpöä, rakkautta, ovat tuntemukset toisenlaiset. Vaikka akti on sama, tunteet tuovat siihen syvyyttä, jota voisi kuvata taivaalliseksi kokemukseksi. Kumppaniin luotetaan, hänen lähellään on hyvä olla.

Monesti myös seurauksena tyhjyyden olotilasta on päihteiden käyttö. Pyritään jollakin tavalla tuomaan turrutusta sisäiseen pahaan oloon. Elämästä puuttuu merkitys, mikään ei kiinnosta. Miten me voisimmekaan välittää kenestäkään, jos emme ensin välitä itsestämme. Emmehän voi antaa ulospäin mitään sellaista mitä meillä ei itsellämme ole. Oman itsen kunnioitus, rakastaminen juuri sellaisena kuin on, on ensimmäinen askel kohti Sydämen rakkautta.

Ylpeys – Nöyryys

Oletko ylemmyydentuntoinen? Oletko mielestäsi parempi kuin muut? Kohteletko muita alentuvasti? Vähätteletkö toisten aikaansaannoksia? Kieltäydytkö näkemästä muissa mitään hyvää? Oletko kenties epävarma itsestäsi, siksikö työnnät kanssaihmisiä pois luotasi?

Nöyrtyminen tunnustamaan, ettei ole niin hyvä kuin antaa käytöksellään ymmärtää, avaa ovet läheisyyteen toisten kanssa. Tunnustaminen, ettei osaa kaikkea, on nöyrtymistä.

Se ei ole itsensä alentamista! Tosiasioiden tunnustaminen: "Olen tällainen kuin olen, minun ei tarvitse olla muita parempi." Olemme kaikki erilaisia ja kuitenkin niin samanlaisia. Yritämme parhaamme itsemme ja läheistemme vuoksi.

Autamme heitä, jotka apua tarvitsevat, emme tunteaksemme ylemmyyttä, vaan tunteaksemme lämmön sydämessämme saadessamme auttaa. Nöyrä sydän osaa myös ottaa avun vastaan kiitollisuudella, ei tuntemuksella, että jää jotain velkaa. Nöyrä sydän ymmärtää antavansa auttajalleen tilaisuuden kokea auttamisen iloa!

Nöyrä sydän kunnioittaa ja rakastaa lähimmäisiään kuin itseään.

Pelko – Usko, luottamus

Pelkäätkö epäonnistuvasi? Pelkäätkö, etteivät muut ihmiset välitä sinusta? Pelkäätkö jotain pahaa tapahtuvaksi hetkenä minä hyvänsä? Pelkäätkö pimeää?

Missä on luottamus ja usko kaikkeen hyvään? Opettele uskoa siihen, että me aina saamme sen mitä ansaitsemme. Se ei ole pelkoa, vaikka olemmekin ansainneet jonkun tai joitakin ikäviä kokemuksia.

Kokemukset ovat meidän henkisen kasvumme edellytyksiä, eivät pelkoa aiheuttavia rangaistuksia. Kokemukset ovat syntyneet omien tekojemme seurauksina. Oppiaksemme. Luotamme, uskomme, että kaikki tapahtuu oikeudenmukaisesti, tiedämme tarvitsevamme noita kokemuksia.

Kun tiedostamme olevamme oman elämämme luojia, emme enää pelkää, vaan pyrimme tekemään elämästämme hyvän, tekemällä hyviä asioita – emme pelkästään itsemme hyväksi, vaan kaikkien.

On hyvä pelätä kun vaara on todellinen. Pelko auttaa meitä toimimaan varovaisuudella ja tiedostamaan riskit. Henkiset pelot taas ovat omien ajatustemme tuotosta. Miksi pelkäämme pimeää? Pelkäämmekö mörköjen ilmestyvän?

Miksi emme kutsuisi suojelusenkeliämme tuomaan turvaa, karkottamaan henkisen pimeyden, tuomaan sisimpäämme valoa. Kun kylvät hyvää, niität hyvää. Usko ja luota! Kun olet pelkojen pimeydessä ja hädässä – muista: Kolkuttavalle avataan, anovalle annetaan. Aina*!*

Sinun tarvitsee vain pyytää.

Miten tunnistan todellisen itseni?

Miten toimin? Tarkastellaan historiaa. Tarkastellaan mennyttä ulkopuolisena, kuin puolueeton tarkkailija, tuomitsematta. Muistellaan tärkeitä tapahtumia elämässä. Mitä tapahtui? Mitä tunsin? Miten käyttäydyin? Miten toimin? Toiminko kuten sisimpäni ohjasi, vai toiminko jonkun tai jonkin ulkopuolisen motiivin mukaan? Jäikö tapahtuma jäytämään sisintäni, vai tunsinko toimineeni oikein? Miten helposti olen valehdellut, muunnellut totuutta itseni eduksi? Olenko ollut rohkea ja kertonut aina totuuden? Olenko väistänyt vastuuta, sysännyt syyt muiden niskoille? Olenko rohkeasti kohdannut vastukset ja kantanut vastuun seurauksista itse, syyttelemättä muita? Olenko laistanut velvollisuuksia? Olenko ollut laiska? Olenko ollut ahkera? Olenko auttanut helposti avuntarvitsijoita, vai kääntänyt katseeni muualle? Olenko ollut saita vai antelias? Olenko luottanut ystäviini? Ovatko ystäväni luottaneet minuun?

Aloittaminen elämän niistä tapahtumista, jotka ovat voimakkaina muistissa, on yksinkertaisin keino. Puolueeton tarkkailija saa helpoimmin vastaukset voimakkaista tapahtumista – ne sisältävät suurimmat tunnekuohut. Ainoa edellytys on olla rehellinen.

Totuus parantaa.

Totuus lisää ymmärrystä.

Puolueeton tarkkailija pyrkii näkemään tapahtumat laajasti – kaikkien osapuolien silmin, olosuhteet ja tilanteet kokonaisuutena. Puolueeton tarkkailija auttaa meitä näkemään enemmän ja ymmärtämään laajemmin. Lopputuloksena näemme itsemme uudenlaisessa valossa. Olemme kasvamassa henkisesti, vai olemmeko? Ainakin meillä on siihen mahdollisuus. Valinta on meidän.

Jatkanko toimintaa elämässäni kuin ennenkin? Onko aika muuttaa tapojani toimia ja ajatella aina saman kaavan mukaan? Onko nyt hetki kuunnella sisimpääni ja toimia sen ohjauksessa? Toimia, ei vain itseni, vaan kokonaisuuden, kaikkien läheisteni parhaaksi. Yksin eläminen tässä maailmassa on onnetonta.

Me tarvitsemme kaikki toisiamme. Siksi me olemme täällä, oppiaksemme rakastamaan lähimmäisiämme kuin itseämme. Kunnioittakaamme itseämme. Kunnioittakaamme kaikkea elämää ympärillämme. Tässä jos missä on valinta numero yksi, siitä on hyvä aloittaa.

Totuus, muunneltu totuus, valhe, emävalhe

Mikä sitten on totuus? Se on aina se minkä tiedämme olevan totta. Tunnemme ja tiedämme kaikki eri tavalla. Toinen on tunteellisempi toista, toinen analyyttisempi. Näkemykset asioista ovat erilaiset. Kaikilla on oma totuutensa.

Kun kaksi ihmistä istuu kasvokkain ja heidän silmiensä eteen laitetaan seteliraha ja pyydetään heitä kuvailemaan näkemäänsä seteliä, kuvaukset ovat täysin erilaiset. Äkkinäisempi voisi syyttä toista valehtelijaksi. Kummallakin on oma totuutensa. Kumpikin puhuu totta. Ymmärtämättä kokonaisuuksia me helposti lankeamme samaan ansaan, syyttelemme.

Kun olemme tarkastelleet elämämme tapahtumia puolueettoman tarkkailijan silmin, tuomitsematta, rehellisesti, tulevan elämämme valinnat ovatkin jo toisenlaisia. Osaamme nähdä asioita laajemmin. Osaamme ottaa huomioon myös läheisemme, kaikki ne osapuolet joita valintamme tulevat koskettamaan, tavalla tai toisella. Osaamme kuvitella heidän tuntemuksensa, sen miten valintamme heihin vaikuttavat.

Tämän kaiken kun otamme huomioon jo valintaa pohtiessamme, saamme varmasti aikaan valinnan joka on kaikkien parhaaksi. Toisin sanoen, *emme ole kenellekään vahingoksi tavalla tai toisella*. Tässä on myös syytä muistaa, ettei omaa itseään alenna, vähättele, jos valintojen vaakakupissa on enemmän toisten kuin oma etu. Esim. Äiti elää lastensa kanssa onnettomassa liitossa. Äiti tekee sen lastensa vuoksi, pitääkseen lapsille eheän kodin. Kodin onneton ilmapiiri ei voi olla vaikuttamatta lapsiin epäsuotuisasti. Äidin vaakakupissa lasten etu painoi enemmän, toiselle puolelle vaakaa jäi äiti – uhri/marttyyri. Olisiko avioero ollut lapsille parempi vaihtoehto? Olisiko onnellinen ilmapiiri – vaikkakin vähävaraisempi – ollut lapsille parempi? Mene ja tiedä?

Elämässä tulee eteen vaikeita valintoja, kun pyrkii avoimin mielin, rehellisesti punnitsemaan eri vaihtoehtoja, ottaen huomioon läheisensä joihin valinta myös vaikuttaa. Vaakakupissa punnitaan niin monia asioita. Pitäisi vielä nähdä mahdollisimman pitkälle tulevaisuuteen minkälaisia suoranaisia seurauksia valinnasta aiheutuu myöhemmin.

On siis paljon totuuksia. Kun yritämme toimia elämässämme muiden ohjauksessa, (en tarkoita sopimuksia joihin olemme sitoutuneet, enkä nuoria, jotka ovat kotona vanhempiensa holhouksessa) toimia kuten ulkopuoliset toivovat tai suorastaan vaativat, olemme sisäisesti eksyksissä. Emme osaa kuunnella omaa sydäntämme, sitä sisäistä ohjausta, joka on juuri meitä itseämme varten. Ehkä me tarvitsemmekin juuri tuon kokemuksen, tuntemuksen hukassa olemisesta, kunnes kuulemme sisäisen kutsun kuunnella sitä omaa, juuri minulle tarkoitettua opastusta. Me olemme kaikki samanarvoisia, yhtä rakkaita. Miten kukaan ihminen voisi tietää toisen läheisen elämänpolun kulun ja tarkoituksen?

Me voimme rakastaa ja kunnioittaa toisiamme. Tukea toisiamme. Antaa apua kun sitä pyydetään. Voimme neuvoa ja opastaa, kertoa omia kokemuksiamme, mutta hallita toisen elämää sanomalla mitä tehdä – ei! Seuraukset ovat hänen kestettävä jonka elämällä pelataan. Miettimisen arvoista on kuitenkin vielä ottaa huomioon myös karmallinen seuraus hänelle, joka pelaa toisen elämällä. Vastuu on seurauksista suurempi hänelle joka määrää ja hallitsee.

Valtaa seuraa aina myös vastuu.

Hallintaa on monenlaista:

Ystävien tullessa kylään, käy monesti niin, että ystävätär tarjoaa apuaan emännälle keittiöön. Kohteliasta ja ystävällistä. Miten käy, kun emäntä kieltää, sanoo pärjäävänsä ja pyytää ystävätärtään nauttimaan olostaan olohuoneessa toisten seurassa? Käykö niin että pyyntöä kunnioitetaan ja siirrytään olohuoneeseen? Kenties käykin niin, että ystävätär jää keittiöön avuksi alkaen valmistaa tarjottavia vieraille kuin emäntä? Mitä tapahtuu? Miten toimii kutsujen emäntä? Salliiko hän tämän ystävättären toimet? Salliiko hän ja alistuu tilanteeseen, vai sanooko hän suoraan niin, että toinen uskoo hänen tarkoittavan mitä sanoo?

Sallitko toisen menevän itsesi yli? Kunnioitatko itseäsi niin paljon, että et anna itseäsi kohdeltavan huonosti? Oman itsen kunnioitus ei hyväksy huonoa kohtelua itseään, eikä toisia kohtaan. Kunnioittavaa käytöstä on kuunnella toisen mielipiteitä ja toiveita, toimia tilanteen vaatimuksien mukaan.

Annamme apua kun sitä pyydetään, emme pakota vastaanottamaan apuamme, se on hallintaa – toisen yli menemistä.

On hyvä muistaa, meitä rakastetaan niin paljon, että meidän sallitaan hankkia omat kokemuksemme, vaikka ne kuinka satuttavat ja

tuottavat tuskaa. Vain siten me opimme, koke-
muksiemme kautta.

Meille on annettu sisäinen henkinen opas, joka
ohjaa ja auttaa meitä hankkimaan tarvitse-
mamme kokemukset pienimmällä mahdolli-
sella tuskalla. Meitä ei pakoteta mihinkään. Va-
linta on aina meidän. Luonnollista on, että jos
emme kuuntele sisintämme, kunnioita itse-
ämme, meidän tiemme kulkevat polkuja, jotka
tuottavat tarvitsemamme kokemukset, mutta
suurempien, voimakkaampien tuntemuksien
kautta. Lopputulos on sama, kokemukset eri.

Niinhän se on, kuten tiedämme, kun kuiskaus-
tamme ei kuulla, siirrymme puheääneen. Jos
sitäkään ei kuulla, joudumme huutamaan jos ei
peräti tönäisemään, jotta saamme huomion sa-
noaksemme asiamme.

Harjoittele herkkää sisäisen äänesi kuulemista.

Opi kuuntelemaan ja kuulemaan.

Miten sitten teen valintani?

Paras tapa vahvistaa valinta on kuunnella si-
sintään. Jos vähänkään epäröit niin älä! Epä-
röinti on itsesi suojelua. Kun olet varma tunte-
muksistasi – tämä on oikea valinta - anna
mennä. Eläköön elämälle!

Vaikka tiedän ja tunnen sisimmässäni - osaan-
han jo kuunnella sisäistä ääntäni, mikä valinta
olisi minulle se paras ja oikea, tahtoni voima ei
kuitenkaan riitä pitämään valitsemaani tietä.
Olen heikko kiusauksille elää helppoa ja ke-
vyttä elämää. Pinnallista elämää, jossa ulkoi-
sella olemuksella on tärkein merkitys.

Esimerkiksi: Saan helposti kavereita kun liikun
ulkona pukeutuneena merkkivaatteisiin, viimei-
sen muodin mukaan. Liikunhan piireissä,
joissa se on suorastaan vaatimus. En uskalla
irrottautua näistä kavereista, en ehkä löydä uu-
sia tilalle. Pelkään, että jos pukeudun siten,
kuin suurin osa ihmisistä, tavallisiin, ei merkki-
vaatteisiin, eikä viimeisen muodin vaatimiin –
minulle nauretaan. Minun kanssani ei enää
kehdata kulkea.

Ehdotus: Mieti miltä nämä kaverisi näyttäisivät ilman vaatteitaan, pelkässä säkkikankaisessa kaavussa. Onko heissä jäljellä mitään sellaista, että edes haluaisit olla heidän kaverinsa? Todellinen ystävyys säilyy ja pysyy. Tuo ystävyys asuu sydämessä. Rohkeuden kerääminen ollakseen oma itsensä, vaatii harjoittelua.

Peiliin katsoessasi katso itseäsi silmiin. Katso ja pidä näkemästäsi, olet hyvä juuri sellaisena kuin olet. Hyväksy itsesi juuri sellaisena kuin olet.

Esimerkiksi: Olen liian lihava, tiedän sen - nautin kaikesta syömisestä. Makeat herkut ovat paheeni. Syön pussillisen karkkeja joka ilta kun katselen televisiota. Nautin löhöilystä, vain olla ja syödä herkkuja. Tiedän tarvitsevani liikuntaa ja laihduttamista oman terveyteni kannalta. Olen vain liian laiska tehdäkseni mitään parantaakseni omaa kuntoani ja elämäntilannettani.

Ehdotus: Tahdon voiman lisääminen asteittain. Aloita pienin askelin. Päätä tehdä pieni kävelylenkki ennen television katselua. Joka ilta. Älä anna periksi, vaikka alemman egosi äänet karjuisivat sinulle: "Lopeta, rasitat itseäsi liikaa, ollaan vain ja löhöillään!" Päätä korkeamman sisäisen itsesi voimalla rakastaa itseäsi niin paljon, että teet tuon lenkin oman kehosi hyvinvoinnin vuoksi. Sinulla on voimaa siihen, koska tiedostat olevasi liian lihava. Lenkkeiltyäsi muutamina iltoina, sinulla on myös voimaa vähentää karkkien syöntiä. Huomaat sisäisen voimasi, tahtosi, vahvistuvan päivä päivältä. Huomaat miten onnelliseksi se sinut tekee. Olet oman elämäsi luoja. Tahtosi voima vie sinua aina vain parempaan ja parempaan. Opit kunnioittamaan ja rakastamaan itseäsi. Mikä parasta, kuuntelet herkemmin sisintä ohjaustasi, joka on aina sinun parhaaksesi. Opit erottamaan alemman minäsi / egosi äänet, jotka esittivät sinulle uhkauksia ja vaatimuksia, pelottelivat sinua.

Kysymys: Miten tunnistan oman korkeamman sisäisen ääneni alemman minän äänistä?

Vastaus: *Alemman minän äänet esittävät vaatimuksia. Uhkauksia. Synnyttävät pelkoja.*

Esim. Jos en tee niin ja niin, minulle nauretaan. Näytän naurettavalta, kukaan ei kunnioita minua. Minusta puhutaan pahaa selkäni takana. Jos en tee kuten toiset - vaikka tiedän sen vääräksi, vastoin omaatuntoani - minut hylätään, en saa kavereita.

Korkeampi sisäinen äänesi ei milloinkaan esitä sinulle vaatimuksia, ei pelottele, eikä uhkaile, vaan rakastaa ja kunnioittaa sinua ohjaten sinua tielläsi valoon, hiljaisella äänellä - rakkaudella ja ehdottomalla totuudella.

Tahdon voimistaminen

(Tahto on tajunnan suhde tarkoitusperään)

Tahtosi voimaannuttaminen vaatii tietoista työtä. Harjoittelua. Kuten kuntosalilla käynti voimistaa lihaksia, tarvitsemme "kuntosalia" myös tahdon voiman lisäämiseksi.

Jokaisella meillä on jokin tarve, jota vain emme saa suoritetuksi. Olemme siihen liian laiskoja, ei ole aikaa, kyllä muuten, mutta kun.. Selityksiä riittää ja me annamme asian olla. Vai annammeko, onko jossakin sisällämme kuitenkin tunne, että " tarttis tehrä jottai"?

Siellä se meidän omaa parastamme tarkoittava ääni kuiskii, vaan kuuntelemmeko me?

Onko alempi ääni – laiskuus – suurempi, voimakkaampi, helpompi? Siinäpä kysymys!

Kun herää kysymys – olenko minä oman elämäni luoja, olenko todella? Viekö minua alempi minäni, vaiko todellinen oma itse – korkeampi minäni? Siinä vaiheessa on syytä aloittaa "tahdon jumppasalikäynnit". Miettiä mikä on omassa elämässäni sellainen teko, joka pitäisi tehdä, oman itseni hyvinvoinnin vuoksi, mutta ei ole ollut tarmoa sen suorittamiseen. Viisasta on aloittaa toteutus pienin askelin. Ensimmäinen vaihe: Tee sopimus kirjallisena. Lupaus suorittamisesta. Sitoutuminen. Siitä alkaa seikkailu! Tutustuminen omaan korkeampaan itseen!

Oman tahdon voimistaminen, josta seuraa tutustuminen omaan alempaan minään / egoon. Taistella kuin satujen ritari näitä pelonpeikkoja vastaan ja voittaa!

Jos epäonnistut, kukaan ei kiellä yrittämästä uudelleen, kunnes olet taistelusi voittanut ja olet oman elämäsi herra. Niiltä osin. Jatkoa seuraa.. Kiusauksia kun on monia. Valepukuisia susia lampaiden vaatteissa on vaikea tunnistaa. Tilanteita syntyy läpi elämäsi, niin on tarkoituskin. Tahtosi voimalla hallitset nuo kaikki alemman minäsi äänet. Et anna pelotella itseäsi. Luotat sisäiseen johdatukseesi. Tunnistat rakkauden ja totuuden. *Tiedät että totuus ei pala tulessakaan ja että energiassa ei voi valehdella.*

Sisäisen Korkeamman Itsen kuuntelu

Kun tahtosi on voimaannutettu, kuulet helpommin sisäisen oppaasi äänen. Olethan osannut vaimentaa alemmat äänesi. Jokapäiväinen hiljentyminen kuuntelemaan sisäistä opastasi, auttaa sinua löytämään elämällesi tarkoituksen. Tien, jota kulkea.

Tahtosi voimaannuttaminen on tärkeää juuri siksi, että voit paremmin kuulla sisimpäsi ohjausta. Ilman lujaa tahtoasi et saisi ajatuksiasi pysymään kurissa. Siinä on oppimista vaikka tahto olisikin luja ja voimakas. Päivittäinen hiljentyminen, aluksi vaikka vain viisi minuuttia, ilman että ajatukset karkaavat päivän tapahtumiin, on hyvä alku.

Aloita vaikka harjoituksella, jossa keskityt pieneen esineeseen. Keskityt katsomaan vain ja ainoastaan valitsemaasi kohdetta. Seuraavaksi sulje silmäsi ja näe ajatuksissasi tuo sama kohde. Harjoittele niin usein, että näet kohteen selkeästi suljetuin silmin.

Kun aloitat varsinaisen hiljentymisen, meditoinnin, puhdista ajatuksesi kaikesta. Aloittaessasi hiljentymistä ajatuksiisi tulee monenlaisia asioita, anna niiden vain mennä, älä takerru niihin kiinni. Kuvittele nuo ajatukset kuin pilviksi jotka vain lipuvat pois. Näin pääset helpoimmin tilaan jossa mielesi on hiljentynyt vastaanottamaan viestejä, jotka henkinen Korkeampi Itsesi sinulle kuiskaa. Kuiskaa, koska ääni on hiljainen ja lempeä.

Monesti sisäinen tieto sydämessäsi. Monesti myös symbolisia kuvia, tuntemuksia. Mitä useammin harrastat hiljentymistä, sitä varmemmiksi tulevat vastaanottamasi viestit. Opit myös keskustelemaan, esittämään kysymyksiä. Korkeampi Itsesi on ikuinen ystäväsi, vain sinun parastasi tarkoittava, ehdoton totuus – aina. *Energiassa ei voi valehdella.*

Hiljentymistä, meditointia, on helppo harjoittaa esim. aamuisin ennen ylös nousemista, taikka iltaisin ennen nukahtamista. Kun huomaat hallitsevasi ajatuksesi, pidennä hiljentymisaikaa itsellesi sopivaksi.

On myös hyvä illalla ennen nukahtamista käydä läpi päivän tapahtumia, tarkastella omia ja toisten motiiveja päivän tapahtumiin. Pyrkimys ymmärtää miksi, ilman tuomitsemista, on hyvä alku elämän viisaudelle.

Opit luottamaan itseesi ja sisäiseen ohjaukseesi. Olet rohkeampi tekemään valintoja. Ymmärrät, että kaikilla ihmisillä on samat tunteet ja kokemukset tunteista. Meistä jokainen vain tuo ne esille omalla tavallaan, omalla käytöksellään, omalle kulttuurilleen sopivana. On monia tapoja toimia. Kaikki ihmiset maapallolla tuntevat rakkautta, surua, vihaa. Itkevät ja nauravat. Opit näkemään tuon käyttäytymisen

taakse. Osaat riisua naamiot kuuntelemalla sy-
däntäsi, sisintäsi, joka kertoo totuuden. Sisim-
päsi on henkistä energiaa, joka lähettää ja vas-
taanottaa energian värähtelyjä. Energiassa ei
voi valehdella.

Kehittyessäsi kuuntelemaan *ja kuulemaan,*
kuulet yhä korkeampien energioiden opas-
tusta. Mestarit energian hierarkiassa odottavat
saavansa oppilaita välittääkseen elämän vii-
sautta tänne maapallolle, meille ihmisille.

Universaaleja lakeja

Mestarimme energiassa antavat meille monen-
laista tietoa. Mm. Esimerkkinä ovat mestari Hi-
larionin universaalit lait. Lait kuten tiedämme
toimivat, vaikka me emme niihin uskoisikaan.

Miksi emme tutustuisi näihin lakeihin ja helpot-
taisi omaa elämäämme pyrkimällä ymmärtä-
mään lakien toimintaa ja perimmäistä tarkoi-
tusta. Tässä on

seuraavaksi muutama meille tärkeä laki. Nämä
ovat lakeja, jotka konkreettisesti vaikuttavat

elämässämme. Ymmärtämällä lakien toimintaa, voimme vaikuttaa omaan elämäämme ja kohtaloomme. Miksi emme siis tekisi niin? Onhan kyse juuri minun elämästäni ja minun tekemistäni valinnoista.

Ilmennyksen laki (manifestaatio)

Fyysinen maailma luotiin, jotta henkiset olennot voisivat oppia tuntemaan itsensä. Sielumme, jota Henki elävöittää, käyttää kehoamme/kuortamme, tunteakseen itsensä tunnekehon ja ajatuskehon kautta, keräämällä kokemuksia, tuntemalla tunteita, tulemalla tietoiseksi itsestään. Olemme alkuperältämme henkisiä olentoja. On hyvä muistaa, ettei arvostele ulkoista kuorta, vaan pyrkii tutkimaan olemuksen henkisempää puolta, meitä todellista itseämme. Itseä, joka on valinnut juuri tarkoitukseensa sopivan kehon, juuri oikeassa ympäristössä ja olosuhteissa, kokeakseen juuri ne kokemukset, jotka olosuhteet ja tilanteet mahdollistavat. Olemme aivan oikeaan aikaa oikeassa paikassa. Kuunnelkaamme sisimpämme ohjausta. Tässä tultiinkin jo Heijastumisen lakiin: Ympäröivä todellisuus vastaa kunkin henkisen olennon sisäistä olemusta.

Heijastuksen laki

Kertoo kuinka näet ja tunnet itsesi. "Maailma on meidän näköisemme." "Niin ylhäällä kuin alhaalla."

Käyt läpi niitä oppimisprosesseja joita ulkoiset olosuhteet sinulle mahdollistavat.

Karman laki – syyn ja seurauksen laki

Karma toimii täydellä oikeudenmukaisuudella. Me saame aina sen mitä tilaamme. Mitä kylvät, sitä niität. Voimme olla varmoja siitä, että se minkä koemme rangaistukseksi, elämän julmaksi pilaksi meitä kohtaan, on omaa aikaansaamaamme energiaa. Olemme ehkä aiheuttaneet tuskaa ja kärsimystä jollekin tai joillekin, jos emme tässä, niin jossakin edellisessä elämässämme. Älkäämme katkeroituko. Otta-

kaamme tilanteista opiksemme, ymmärtääksemme, etteivät maailman lait ole julmia, vaan
tasan tarkkaan oikeudenmukaisia. Miksi emme
jatkossa keräisi hyvää karmaa? Sekin tulee takaisin - juuri silloin kun sitä eniten tarvitsemme.
Luota siihen! Anteeksianto ja Rakkaus kehittävät hyvää karmaa.

Vastakohtaisen ilmaisun laki

Yö ja päivä. Valo ja varjo. Mies ja nainen.
Alempi minä ja korkeampi minä.

Oman itsen tuntemuksessa on tärkeää oppia
tuntemaan oman itsensä kokonaisuus. Oppia
tunnistamaan alemman minä äänet, oppia kuulemaan niitä, sekä hallitsemaan niitä ylemmän
minän voimalla. Kun huomaat lähettäväsi negatiivisia ajatuksia jollekin läheisellesi tai kenelle vaan, pysähdy miettimään – miksi?

Jokin alemman minän ominaisuutesi on silloin
vallalla. Pysäytä se! Ota hallinta ymmärtämällä
miksi nuo negatiiviset ajatukset yrittävät vallata
sinut. Hyväksymisen, anteeksiannon ja rakkauden kautta löydät tasapainon itsesi kanssa.

Kuuntelemalla alempaa minääsi opit itsestäsi asioita, joita et tiennyt olevan olemassakaan, joten älä kiellä niitä, vaan hallitse tunteesi. Tilanteet joissa kateus, katkeruus, viha, nostavat päätään, opettavat meitä henkisesti, kunhan otamme nämä äänet/ tunteet hallintaan – pyrimme ymmärtämään – miksi? Opimme pitämään hallinnan ylemmän minän voimalla. Opimme näkemään tilanteen ja tunteen yhteyden ja ymmärtämään – siksi! Seuraa henkisyyden kasvua ja oman itsen kunnioitusta, lähimmäisen rakkautta. Kaikilla voimakkailla tunnekokemuksilla on tarkoitus kasvattaa meitä henkisesti kohti Kaikkiallista Rakkautta. Kohti Valoa.

Ajatuksen laki

Olemme oman elämämme luojia, kirjaimellisesti. Miten moni edes tajuaa, miten on ajatuksillaan ja puheillaan saanut asioita tapahtuvaksi omassa elämässään. Jokainen joka tämän tässä ja nyt oivaltaa, lopettaa tässä ja nyt oman itsensä alentamisen ja vähättelyn!

Koska: "Ei se onnistu kuitenkaan. En minä mitään opi. Turha yrittää." – Nämä ovat myös toiveita, pyyntöjä! Tätäkö todella haluat? Ajatuksen laki mahdollistaa meille oman elämän luomisen. Olemme oman elämämme luojia! Totta! Pysähdy ja ajattele kaikkia niitä mahdollisuuksia, joita sinulla on. Jokainen ajatuksesi on energiaa, joka lähtee kaikkeuteen pyrkien toteuttamaan itseään. Onneksi puolihuolimaton ajatus on yleensä niin heikko, että se hajoaa omaan voimattomuuteensa. Sen sijaa jokainen tunteella matkaan lähetetty ajatus saa voimansa niistä tunteista, joilla se lähetetään, tarkoituksella tai ilman. Mitä voimakkaammat tunteet, sitä elävämpi ajatus. Toistot lisäävät kyseistä energiaa. Esim. "Minusta ei ole mihinkään." Miten usein tuollaisia samantapaisia ajatuksia toistammekaan elämämme aikana, miten tuohon ajatukseen uskommekaan sydämessämme.

Ajattele positiivisesti! Jokainen ajatus joka saa taakseen sydämestä lähtevän voiman, ajatuksen, joka on parhaaksi itselle ja läheisille, ajatus, joka ei sisällä vahingoittavaa energiaa ke-

tään kohtaan, ajatus, joka tukee omaa sielun-
polkua, toteutuu – juuri parhaalla mahdollisella
tavalla.

Puheen laki

Puhuttu – ääneen lausuttu ajatus on vielä te-
hokkaampi. Ääni lisää energian voimaa ja
mahdollistaa toiveen, puhutun sanan toteutu-
misen tehokkaammin. Hallitse ajatuksiasi, hal-
litse puheitasi. Opettele tuntemaan itsesi, omat
alemman minän äänesi. Ota ne hallintaasi.

Kun ja jos kateuden ääni sisälläsi on voima-
kas, etkä hillitse sitä, vaan annat sen kuulua
ulos puheessasi, tuotat negatiivista karmaa it-
sellesi. Opi hallitsemaan, ei kieltämään, oman
alemman minäsi kaikki puolet. Viha, kauna, ka-
teus, ahneus, irstaus, ylpeys, laiskuus. "Ennen
kuin kieli on menettänyt kykynsä haavoittaa, se
ei voi puhua hengen totuuksia." Henkilöstä,
joka hallitsee ajatuksensa sekä puheensa, val-
jastaen sydänchakransa rakkausenergiat käyt-
töönsä pyyteettömästi, hänestä jos kenestä,
tulee voimakas auttaja ja parantaja.

Auttamisen laki

On lohduttava tietää ja tuntea tämä laki. " Ano-
kaa, niin teille annetaan. Kolkuttakaa, niin teille
avataan." Auttamisen laki vaatii ehdottomasti,
että ylempien kehittyneempien henkiolentojen
on annettava apua kun sitä alemmilta energia-
tasoilta pyydetään. Apu ei aina ole juuri sel-
laista, mitä odotamme tai pyydämme, mutta se
apu on aina pyytäjän parhaaksi. Paras avun-
pyyntö onkin jättää pyyntö määrittelemättä –
pyytää vain *parasta mahdollista.*

Tämä laki velvoittaa myös meitä auttamaan
heitä, jotka meiltä apua pyytävät. Kun autat
muita, autat samalla myös itseäsi. Olemmehan
loppujen lopuksi kaikki yhtä. Minkälainen apu
on paras apu? Ei meitä ole velvoitettu ruokki-
maan nälkäisiä loppuelämäämme. Voimme
opettaa heitä hankkimaan tarvitsemansa itse.
Ei meitä ole velvoitettu pitämään hukkuvan
päätä pinnalla koko loppuelämämme, voimme
opettaa uimataidon.

Auttaminen on antamista ja vastaanottamista kiitollisuudella, ei niin että tuntisi jäävänsä jotain velkaa tai päinvastoin.

Rakkauden laki

Rakkaus on keskeisin, kaiken koossa pitävä voima.

Rakkaus Kaikkeuteen. Miten usein sitä ajatellaankaan rakkautta pelkästään toista ihmistä kohtaan olevana tunteena. Tämä lihallinen "rakkaus" synnyttää monenlaisia alhaisia tunteita: Kateutta, mustasukkaisuutta, vihaa petetyksi tulemisesta ym. Todellinen pyyteetön Rakkaus on kaukana edellä mainituista tunteista. "Niin paljon on Jumala maailmaa rakastanut, että hän antoi ainokaisen Poikansa, jotta ei yksikään, joka Häneen uskoo, hukkuisi, vaan saisi iankaikkisen elämän." Pyyteetön Rakkaus ei vaadi mitään, se vain antaa. Raamatussa Jeesus kehottaa meitä rakastamaan vihollistamme. Todella vaikeasti toteutettava aihe, jos emme pysty ja kykene rakastamaan edes itseämme. Joten alkaa voisi tästä: Rakasta lähimmäistäsi kuin itseäsi. Tarkkaile suhdettasi ympäristöösi. Löydätkö läheltäsi monta sellaista henkilöä, joista et pidä? Miksi et pidä / siedä? Onko sisälläsi syytöksiä, vähättelyä itseäsi kohtaan?

Opi rakastamaan itseäsi juuri sellaisena kuin olet. Opettele tuntemaan todellinen itsesi – vikoinesi, puutteinesi. Olet täydellinen kokonaisuus, juuri niihin oppiläksyihin, joita varten olet tässä fyysisessä kuoressa. Opettele rakastamaan / hyväksymään itsesi juuri tässä ja nyt!

Eihän meistä kukaan voi antaa ulospäin mitään sellaista mitä meillä ei ole. Jos et rakasta itseäsi, miten voit rakastaa ketään muutakaan? Omistaminen ei ole rakkautta. Rakkaus on antamista. Kaiken se uskoo, kaiken toivoo, kaiken anteeksi antaa.

Siinäpä lisää haastetta: Anteeksianto. Ei riitä, että sanotaan: "Saat anteeksi." Anteeksiannon lähde kumpuaa sydämestä. Opettele Rakkautta ja anteeksiantoa niin läheisillesi kuin itsellesi. Mehän olemme ankarimpia itsemme tuomitsijoita. Heijastamme sitten omat puutteemme läheisiimme, myös tuomiten. Miten autuasta onkaan opetella ja oppia rakastamaan pyyteettömästi. Miten autuasta onkaan oppia antamaan anteeksi. Kaikille, kaiken, suoraan vilpittömästä sydämestään!

Jos sinulla on vaikeuksia tunnistaa tekojesi oikeellisuus tai vahingollisuus. Pidä mielessäsi syyn ja seurauksen laki. Älä siis tee toiselle mitään sellaista, mitä et halua itsellesi tehtävän.

Hyviä valintoja!

III
Ajatuksen voimalla

Ajatuksen voimalla

Ajatus on energiaa, ajattelet sitä sitten miltä kantilta tahansa. Ei sovi kieltäminen, että on olemassa muutakin kuin tämä fyysinen silmin nähtävä maailma.

Kysyä voi – miten toimivat kännykät? Mistä se ääni tulee? Puheen kuulee, vaikka puhuja on satojen tai vaikkapa tuhansien kilometrien päässä. Televisiot, radiot, välittävät kuvaa ja ääntä pitkienkin matkojen päästä. Eivätkö meidän aivomme sitten ihan itsekin pystyisi samaan?

Kyllä! Mikä sitten on esteenä? Oma asenteemmeko? Kieltomme? Emme ymmärrä sitä, joten sitä ei ole olemassa.. Taitaapa se toimia siitä huolimatta tuo ajatusten siirto. Me vain siirrämme jotain, jota emme tietoisesti hallitse. Siirrämme epäuskoa ja negatiivista dataa.

Kunhan alamme nähdä tämän ajatusenergiamme toimivuuden, alamme tietoisesti ottaa haltuun ajattelemamme energian laadun.

Siitä alkaa se tietoinen oleminen oman elämänsä luojana. Vau! Kuulostaapa mahtavalta, jos ei suorastaan mahtipontiselta! Niin se vaan on. Voimme vaikuttaa oman elämämme kulkuun ajatustemme energialla.

Ensin on ajatus, sitten on puhe tai suora toiminta. Mitä enemmän ajatuksissamme on haluenergiaa (tunne-energiaa), sitä helpommin tuo toteuttava toiminto seuraa aikomuksiamme ja muotoutuu toteuttaen toiveitamme. Mitä voimakkaammin osaamme keskittyä luomiseen – sitä kevyemmin energia toteuttaa itseään.

Huomioitavaa on, ettemme voi vaikuttaa suoraan kenenkään toisen elämään. Meille kaikille on annettu vapaan valinnan oikeus oman elämämme suhteen. (Lapset ja holhouksen alla olevat ovat asia erikseen).

Autamme kun meiltä apua *pyydetään*.

Ilman avun pyytämistä voimme luoda positiivisia olosuhteita, jolloin autamme läheisiämme tekemään helpommin *omia* valintojaan. Voimme lähettää läheisillemme valoa ja voimaa, viisautta tehdä hyviä valintoja vaikeissakin elämäntilanteissa. Näin siksi, että jokainen meistä joutuu itse vastaanottamaan omien valintojensa seuraukset. Puuttumalla toisen ihmisen valintoihin sekaannumme asiaan, jota ehkä emme täysin ymmärrä.

Meillä kaikilla kun on omat oppiläksymme opittavana tässä elämässä. Emme tiedä läheistemme kokemustarpeita. Lähettämällä myötätuntoa, autamme parhaiten.

Ymmärtämällä sen, että meillä kaikilla on oma tie kuljettavanamme, omat kokemukset koettavanamme, kunnioittamalla elämää, sallimalla vastoinkäymisten opettaa meitä parhaalla mahdollisella tavalla, - meistä tulee viisaita ja voimakkaita oman elämämme luojia.

Viisas ihminen näkee kaikki luodut yhteydessä toisiinsa.

Tosin myös negatiiviset ajatuksemme luovat. Luovat hämminkiä ja sekaannusta. Uskomalla ettei minusta ole mihinkään, toimin siten, - olemukseni näyttää sen ulospäin käytökselläni ja koko ulkoisella asullani. Olenhan koko ikäni uskonut oman itseni vähäpätöisyyteen, alkanut pitää sitä itsestään selvänä asiana. - Olen tällainen.

Onko perheeni kenties istuttanut tämän uskomuksen minuun? Vai olenko syntynyt tämä uskomus mukanani? Syntymälahjana saatu evääksi tähän elämään, jotta oppisin voittamaan – saavuttamaan itseni ja itsekunnioitukseni?

Oppisin rakastamaan itseäni, kunnioittamaan itseäni ja kaikkea olevaista ympärilläni.

Henkisessä todellisuudessa meitä ei mitata minkäänlaisilla arvoilla, vaan olemme yhtä rakkaita jokainen, yhtä arvokkaita Luojamme silmien edessä.

Meillä jokaisella on omat oppiläksymme tässä fyysisessä elämässämme. Mitä ne ovat, kuka osaisi kertoa miten pitäisi elää, jotta selviytyisimme mahdollisimman vähin vaurioin?

Miten olisi oman sisäisen ohjauksen, omantunnon, intuition, suojelusenkelin äänen kuuntelu?

Oma sisäinen ohjaus on henkilökohtainen, siinä on kyseessä aina sen kuulijan parasta tarkoittava merkitys, edellytyksenä aito totuuden tunnustaminen.

Mehän emme halua kuulla asiaa jota emme halua tunnustaa todeksi. Kuuntelemme miellyttäviä asioita itsestämme fyysisen kehon parhaaksi mielellämme, mutta kun sisäinen äänemme kertookin jonkun olevan valhe tai muuten itsellemme epämiellyttävä, suljemme korvamme. Uskottelemme mieluummin kaiken olevan hyvin ja kiellämme itsemme (todellisen henkisen itsemme).

Miksi teemme niin? Olemmeko onnellisempia luomiemme harhakuvien vallassa? Kuvittelemmeko muun maailman olevan kanssamme samaa mieltä? Ehkä näin on heidän kanssaan, jotka myös näkevät maailman harhakuvien läpi. Mutta, mutta - on olemassa aika monia heitä jotka näkevät totuuden, heitä jotka näkevät asian henkisin silmin. Heitä eivät harhakuvat hämää. Totuus kun ei pala tulessakaan.

Energiassa olemme juuri sitä mitä olemme. Emme voi olla muuta. Energiassa ei voi valehdella. Kun meistä vihdoin jokainen tämän tulee ymmärtämään, maailma muuttuu paremmaksi.

Ei se tarkoita, että pahuus kokonaan poistuu, - ei.

Miten me ilman varjovastustajiamme voisimme kokea sitä miten vahvoja me olemme valossa, jos meillä ei olisi ketään, ketä vastaan koettelemme uskoamme hyvään ja totuuteen. Voimme todeta, että henkisyyden lisääntyessä erotamme helpommin kuka kukin on, kun ulkoasumme ei enää hämää.

Tällä hetkellä voimme käyttäytyä kuin viattomista viattomin, mutta sydämessämme ajattelemme ja tunnemme kateutta, kaunaa, vihaa jne. monenlaisia alhaisia tunteita. Peitämme itsemme valepukuihin. Maallisin silmin katsottuna ulkokuori on vallan moitteeton, joten uskomme ja luotamme "sokeasti" puheisiin joita meille puhutaan. – Siihen asti kunnes opimme katsomaan sisäisin silmin näiden fyysisten silmien lisäksi.

Opimme kuuntelemaan sisäistä ääntämme löytääksemme totuuden. Tähän me myös tarvitsemme ajatustemme voimaa, tunnistaaksemme totuuden helpommin, luottaaksemme sisäiseen ohjaukseemme.

Kuka tietää?

Voihan tuo ohjaus olla myös varjojen valtakunnasta?

Kannattaa tehdä tutkimusmatka omaan itseensä.

Suurin seikkailu tässä jokaisen omassa elämässä on tutustua omaan todelliseen itseensä – kuka minä olen?

Pudottaa valepuku ja olla juuri se joka ON! Aidosti, totuudellisesti.

Totuus vapauttaa! Eläköön erilaisuus!

Ei tuo edellä oleva omaan itseen tutustuminen tee meistä enkeleitä, "synnittömiä", - mutta se tekee meistä rehellisiä!

Rehellinen itselleen ja kaikkialle tekee elämästämme helpomman. Tunteehan meistä jokainen tilanteen, kun voimme riisua päältämme paksun talvitakin, joka on suojannut meitä. Miten paljon kevyemmältä olo tuntuukaan ja liikkuminen on helpompaa. Samalla tavoin totuus vapauttaa meidät elämään avoimemmin omana itsenämme. Emme tunne tarvetta enää suojautua. Totuus todella vapauttaa.

Rakastaa itseään juuri sellaisena kuin on. Hyväksyä itsensä juuri sellaisena kuin on. Ei enää teeskentelyä olla parempi kuin on. Ei enää julkisivun ylläpitämistä, julkisivun joka ei ole totta.

Ei enää yrityksiä olla parempi tai menestyneempi kuin naapurinsa tai ystävänsä. Ei enää turhia ponnisteluja pitää ylhäällä kulisseja, olla vain oma itsensä! Miten vapauttavaa! Ei enää vertailuja, ei enää tuomintaa, - ei itselle, eikä muille.

Hyväksyä itsensä juuri sellaisen kuin on. Tämä totuus itsestä auttaa hyväksymään myös muut sellaisena kuin he ovat. Totuus vapauttaa näkemään asiat juuri siinä henkisessä valossa, joka näyttää kaiken niin kuin se on.

Nähdä suojapukujen ja varustusten läpi, nähdä koko elämänsä ja ympäristönsä uudessa valossa. Muutos tuo koko elämän mullistavan käänteen. Muuttuvat ajatukset itsestä ja omakuvasta saavat aikaan uudenlaisen tavan ja sisällön ajatella elämäänsä, puheet muuttuvat totuudellisiksi, samoin teot. Oma muuttuminen muuttaa suoraan ja välittömästi ympäristöä, läheisten käytökset, puheet ja ajatukset! Upeaa!!

Näin olemme muuttamassa koko maailmaa.

Enää ei kannata suojautua valepukujen taakse. Olemme kaikki menossa kohti avoimuutta. Miksi emme alkaisi jo tänään? Riisutaan oma suojavarustuksemme ja antaudutaan avoimelle totuudelle. Rakkaus totuuteen vie kohti rehellistä hyvää elämää. On paljon helpompi elää hyväksyttynä juuri sellaisen kuin on. Aloita siis omasta itsestäsi.

Ei ole helppoa.

Meissä kaikissa asuu noita pieniä kuiskaavia kiusaajia, jotka yrittävät pelotella meitä luopumaan yrityksistämme totuudellisuuteen ja oman itsensä rakkaudella hyväksyvään elämään.

Tehdäänpä yllättävä päätös!

Hyväksytään nuo sisällämme myllertävät pikku kiusaajat! Rakastetaan noita ääniä! Mehän tarvitsemme niitä! Totta kai! Nämä alemmat omat vastustajammehan ovat parhaita ystäviämme.

Ei niin, että toimisimme niiden äänien ohjauksessa. Vaan niin, *että tietäisimme kulkevamme valossa*, kun kuulemme nuo äänet, mutta emme noudata niitä.

Mitä voimakkaammin olet menossa kohti totuutta, kohti Kaikkeudellista Rakkautta, kohti avointa itsen ja muiden hyväksymistä myötätunnolla, sitä voimakkaammin vastustavat äänet sisälläsi huutavat, pelottelevat. Nuo äänet käyttävät hyväkseen turhamaisuuttasi, häpeän pelkoasi, yleensä kaikkea sitä mitä pelkäät. Äänet ruokkivat ja pyrkivät lisäämään pelkoja kaikissa muodoissa joita vähänkin osaat kuvitella.

On hyvä muistaa, että nämä pelot ovat omia sisäisiä heikkouksiasi joita sinun juuri pitää voittaa,

ajatuksen voimallasi, tahdollasi olla avoin ja totuudellinen. Tahdollasi hyväksyä itsesi juuri sellaisena kuin olet. Pelkoinesi päivinesi.

Rakasta noita ääniä, ne auttavat sinua kohti itsesi hyväksyntää. Ole vahva rakkaudessa, myötätunnossa. Aloita jo tänään.

Miten sitten aloittaisin?

Siinä jälleen pulma jonka ratkaisu löytyy sinulta itseltäsi.

Hiljentyminen kuuntelemaan, kuuntelemaan ja *kuulemaan* omaa sisintään, erottamalla siellä olevan pienen hennon äänen/tunteen joka ohjaa. Se on se vaikein ja tärkein tehtävä.

Opetella tuntemaan ja erottamaan oman sisäisen oppaan ääni noista muista huutavista äänistä jotka jo olet kuullut niin moneen kertaan.

Tunnistaa ääni joka hukkuu noihin huutaviin ja vaativiin jopa uhkaileviin ääniin. Nuo äänethän kuulet kyllä, nehän suorastaan pakottavat sinut huomioimaan niitä. Alemmat energiat tuntevat sinut hyvin, heikkoutesi, pelkosi, kaiken sen mikä tuntuu sinusta nololta ja häpeälliseltä. Näitä tunteita ruokkimalla sinua pidetään vallassa.

Toimit pelkojesi ohjaamana.

Kun keskityt kuitenkin kuuntelemaan sitä rakkaudellista hiljaista ohjaavaa ääntä, huomaat miten tuo ääni *ei milloinkaan pelottele, ei uhkaile, ei vaadi.* Kun vain maltat pitää itsesi rauhallisena/tyynenä, annat noiden metelöitsijöiden mesota, et ota niihin kantaa, et anna niille huomiosi voimaa, nuo äänet pikkuhiljaa vaimenevat.

Lopulta kuulet hänet, joka on puhunut sinulle koko sinun ikäsi.

Tunnistat tuon äänen rakkaudellisesti ohjaavasta energiasta.

Valon energiassa olevat oppaat/suojelusenkelit/Korkein Minäsi, - eivät milloinkaan pelottele, uhkaile, vaadi sinulta mitään. Siinä ovat valon ja rakkauden tunnusmerkit. Sinua rakastetaan, sinut hyväksytään juuri sellaisen kuin olet. Siitä huolimatta vaikka lankeaisit uhkailujen ja pelottelujen vaikutuksesta, lopettaisit omaan itseesi tutustumisen ja sisäisen oppaasi löytämisen.

Kaiken kaikkiaan tutustuthan sinä itseesi. Löydät nuo sinua hallitsemaan pyrkivät pelot. Sitä vartenhan me täällä olemme. Tutustuaksemme tuohon energiaan joka sisällämme asustaa.

Alhaiset energiat joita voisimme kutsua seitsemäksi kuoleman synniksi – viha, kauna, kateus, ahneus, irstaus, ylpeys, laiskuus – ovat juuri niitä voimia, jotka meidän on hallittava.

Huom. Hallittava – ei tuhottava!

Hallittava, jotta tunnistaisimme nuo voimat, emme toimi niiden vallassa, emme anna niille valtaa. Otamme nuo voimat vastustajinamme, jotka auttavat meitä huomioimaan voimamme valossa ja samoin heikkoutemme varjossa. Vasta kun olemme tutustuneet varjoihimme ja olemme valjastaneet ne käyttöömme, tunnistamme nuo energiat myös ulkopuolellamme.

Tunnistamme läheistemme energiat ja osaamme varautua ja suojautua hyökkäyksiltä joita nuo ulkopuolelta tulevat energiat aikaansaavat.

Varjojen energia pyrkii kasvamaan löytäessään sopivan maaperän. Sopivan varomattoman ihmisen, joka ei osaa varoa, ei tunnistaa näitä energioita. Tiedämmehän miten helppoa on kuunnella toisen puhuvan pahaa tai epäilevän toista jostain epärehellisestä toiminnasta.

Tiedämme myös miten helppoa on mennä mukaan samaan energiaan tuon toisen, pahaa puhuvan kanssa. Kenties asia istutetaan itseen niin hyvin, että jatkamme itsekin eteenpäin noita samoja varjon kylvöjä.

Näin helposti käy, on käynyt ja tulee käymään, ellemme ota itsessämme asuvia varjoja hallintaamme. Tunnistamme puheet alhaisiksi epäilyiksi, emme anna niiden iskostua mieleemme, vaan ajattelemme asiassa olevan toisenkin puolen. Valon. Kenties puhuttu asia onkin vain alhaisen mielen oma luomus. Ei tippaakaan totuutta!

Me voimme toimia valon asialla juuri siten, että estämme varjojen etenemisen lisäämällä valoa.

Näemme paremmin kokonaisuudet. Totuus tulee helpommin havaittavaksi kun tunnistamme varjot, osaamme hallita ajatuksemme, emme anna pahaa puhuvien istuttaa ajatuksiaan itseemme.

Avoin mieli, puhdas mieli, ilman ennakkoluuloja ja asenteita.

Olemalla kuin puhdas taulu, tarkkaillaan puolueettomasti kaikkia ja kaikkea. Ei ennakkoluuloja. Vain vilpitön halu löytää totuus. Totuus joka on. Totuus joka ei muutu katsojan halujen mukaan. Usko ja luottamus perustuvat vankkaan uskoon totuuden muuttumattomuudesta.

Totuus on ja pysyy.

Voimme elää tietoisena oikeudenmukaisesta maailmasta energiassa. Energia on, se ei voi olla mitään muuta kuin on.

Kun opimme näkemään henkisin silmin, läpi materian ja etujen tavoittelun kaikessa maallisessa, olemme niitä jotka toimivat oman sisäisen ohjauksensa mukaisesti. Emme anna alhaisten energioidemme sanella toimintaamme. Kuljemme – sanoa voi – valossa. Valossa, jossa kaikki on selkeästi juuri sitä mitä on. Näin voimme elää vaikka sisimmässämme kiehuisi raivo ja viha. Tunnistamme nuo tunteet, emme yritä peittää niitä tai teeskennellä jotain muuta. Osaamme tahtomme voimalla ohjata nuo tunteet johonkin rakentavaan toimintaan. Emme anna noiden voimien purkautua hallitsemattomasti jossain vaiheessa, kun nuo tunteet kasvavat yli itsehillinnän.

Opetelkaamme hallitsemaan voimamme.

Kun meitä kiukuttaa, annetaan sen tulla ulos hallitusti. Pyritään ohjaamaan tuo voimakas energia rakentavasti. Löydetään syy mikä tuon tunteen aiheutti.

Vastaus löytyy omasta itsestämme, vaikka me niin helposti syyttelemme ulkopuolisia, yleensä läheisiämme jotka ovat siinä lähellämme "ärsyttämässä". Hallitsemattomasti toimittuna me loukkaamme suoraan henkilöä henkilönä itsenään. Meidän kuitenkin pitäisi kohdistaa kiukkumme toimintaan, jolla meidät saatiin raivoon.

Toimintojamme, käytöstämme voimme aina muuttaa. Voimme muuttaa/kasvattaa/kehittää itseämme, löytämällä syyt miksi meitä kuohuttaa jokin asia.

Opetellaan tiedostamaan voimamme. Eihän lahjoistamme ole hyötyä, jos emme edes tunne niitä tai edes usko omaavamme niitä.

Sallimme itsellemme enemmän, kun luotamme sisäiseen ohjaukseemme. Usko poistaa pelon. Pelottomina uskallamme kohdata sisäiset lahjamme ja taipumuksemme. Taipumuksemme, joita olemme keränneet usean eletyn elämän ajan. Onko nyt aika ottaa lahjamme käyttöön? Miksi emme tekisi niin?

Pelkoko estää meitä tutustumasta omaan todelliseen itseemme?

Ajatus voimana on meidän käytössämme ohjataksemme elämäämme siihen meille ominaiseen suuntaan. Kun kuuntelemme omaa sisimpäämme ja uskallamme tehdä valintoja tuon ohjauksen mukaan, kulkumme vie väistämättä kohti sitä suurinta, juuri meille tarkoitettua päämäärää kohti.

Usko vie läpi harmaan kiven. Sanonta on kaikilta osin totta. Riittää kun *uskomme sydämessämme*, ei vain pinnallisesti.

Aito usko ja luottamus asuvat sielumme sydämessä. Tuo on totuus, jota kohti tarkoituksemme on kulkea, jokaisen elämämme ajan.

Ensin olemme totuudesta kovin kaukana. Joudumme monenlaisiin rankkoihinkin kokemuksiin, mutta jatkamme matkaamme sisällämme asuvan uskon voimalla. (Vaikka emme sitä tiedostaisikaan).

Kulkumme jatkuessa (elettyämme useampia elämiä) aavistuksemme voimistuvat voimistumistaan tuon totuuden läsnäolon olemassaolosta.

Alamme ymmärtää enemmän ja enemmän energian laeista. Energian häviämättömyydestä. Alamme oivaltaa oman osamme tässä Kaikkeudessa. Alamme myös ottaa vastuuta omasta osastamme. (Emme syyttele toisia olotilastamme).

Oivallamme oman voimamme. Alamme olla tietoisesti oman elämämme luojia. Ajatusenergiamme alkaa saada tietoisesti rakentamiamme muotoja. Ei enää puolihuolimattomia teelmiä, jotka romuttuvat omaan voimattomuuteensa ja epäselvyyteensä muodosta.

Kun alamme olla tietoisia elämämme luojia, oivallamme myös sen, ettemme ole täällä yksin. Olemme kanssakulkijoita Kaikkeuden kanssa.

Ymmärrämme luomisemme tarkoituksen kokonaisuuden kannalta. Unohdamme itsekkyyden. Emme enää luo vain itsellemme, luomme Kaikkeudelle - kaikkien parhaaksi.

Tässä onkin oppimista, - ymmärtää kaikkien paras. Olemme niin egomme lumoissa ja vallassa, että näemme vain oman napamme, - jos aina sitäkään. Huolehdimme omista eduistamme muista viis. Jokainen asioita enemmän ja laajemmin tarkasteleva huomaa kaoottisuuden joka seuraa tuollaisesta ajattelusta. – Ennemmin tai myöhemmin.

Emmehän ole täällä yksin. Emme ole täällä myöskään siksi, että alistamme tai pyrimme hallitsemaan toisia. Olemme täällä oppiaksemme oman itsen kunnioitusta, lähimmäisten kunnioitusta, kaiken olevaisen kunnioitusta ja rakastamista.

Melkoinen läksy!

Siksi tarvitsemme monta erilaista mahdollisuutta saavuttaaksemme ymmärryksen, jonka avulla voimme käyttää ajatuksemme voimaa kaikkien parhaaksi.

Ajatuksen voimalla saavutamme asioita joita emme taipaleemme alussa olisi edes osanneet uneksia.

Onhan se niin, että ase lapsen kädessä saa aikaan tuhoa ja hallitsematonta käytöstä kaikkien uhkakuvien toteuttajana. Viisaan käytössä tilanne on toinen. Viisaina ymmärrämme myös seuraukset. *Näemme enemmän, ymmärrämme laajemmin.*

Meistä jokainen käyttää tuota ajatusenergiaa, emme vain tiedosta sen mahtavia mahdollisuuksia elämämme konkreettisessa luomisessa. Ymmärrämmekö edes näiden energioiden olemassaoloa? Emme voi niitä nähdä, saatikka tuntea. Vai voimmeko? Jotkut meistä voivat. Onhan (melkein) kaikille tuttu – Kirliankuvaus? Menetelmällä saadaan meitä ympäröivä energiakenttä tallennettua näkyväksi kuvaksi. Myös elävää kasvia ympäröi aura (energiakenttä). Tiede ei enää kiistä tätä tosiasiaa.

Meistä lähtevän energian osaamme tunnistaa, vaikka emme tietoisesti, niin alitajuisesti, luonnollisesti, -vaistomme kertovat meille asioita joita järkemme ei pysty meille selittämään.

Tullaan ja ollaan ansassa, ainakin järkensä ohjauksessa pelkästään olevat ihmiset.

Toisaalta ihmiset, jotka ovat herkistyneet kuuntelemaan myös sisäisiä tuntemuksiaan ja antavat suuren luottamuksen tuntemuksilleen, ovat helpommin opastettavissa henkisen kehityksen tiellä. Heidän on helpompi vastaanottaa viestejä energiassa ja energiasta, - hengen maailmasta.

Haastan tässä jokaisen, joka haluaa selvittää itselleen näitä asioita, kokeilemaan. Saamaan konkreettisen kokemuksen energioiden olemassaolosta ja siitä miten voimme itse ne tunnistaa..

Pieni koe:

Tarvitaan pelikortit - tavalliset.

Otetaan viisi korttia siten, että neljä korteista on mustia, pataa ja ristiä. Yksi on hertta kymmenen (paljon punaista).

Aseta kortit pöydälle rinnakkain kuvapuoli (numerot näkyvissä) ylöspäin.

Kuljeta vasenta kättäsi jokaisen kortin yläpuolella n. 1-2cm, sanoen ääneen tai ääneti kortin maa ja numero, ikään kuin esitellen kädellesi jokainen kortti erikseen, tunnustellen kortista lähtevää energiaa.

Kun olet esitellyt jokaisen kortin, laita nämä kortit nyt pinoon ja sekoita niin ettet tiedä missä mikin kortti on. Laita kortit pöydälle taustapuoli ylöspäin.

Pyydä nyt vasenta kättäsi löytämään tuo hertta kymmenen. Tunnustele jokaisen kortin yläpuolella kortin energioita. Hertta kymmenen energia tuntuu erilaiselta, tunsitko?

Jos et tunnistanut minkäänlaista tuntemusta kämmenessäsi, hiero kämmeniäsi yhteen pari kertaa ja toista koe.

Mielenkiintoista – eikö? Meillä kaikilla on aura, meillä kaikilla on mahdollisuus herkistää itsemme kokemaan tämä elämämme monipuolisemmin ja siten rikkaammin. Henkiset rikkautemme seuraavat meitä elämästämme toiseen. Materiaalinen omaisuutemme jää jälkeemme. Miksi emme siis kehittäisi itsessämme sitä, joka antaa meille laajemman ymmärryksen Kaikkeudesta. Se on paljon, paljon enemmän, kuin viisi aistiamme antavat ymmärtää. Seikkaillaan. Pidetään lämpö ja valo lähellämme, myötätunto matkassamme.

Kun saavutamme tilan, jossa myötätunto ja nöyryys tämän Kaikkeuden ymmärtämisessä ovat meissä, loistamme kuin majakka tuoden valoa kaikkialle missä kuljemme.

Kun opit tunnistamaan omia energioitasi, opit myös kuuntelemaan kehoasi. Henkinen minäsi viestii myös kehosi kautta. Sanonta: "Kehosi huutaa sielusi puolesta", on täydellisen totta. Kun kuljet elämässäsi polkuja jotka eivät tunnu sinusta hyviltä, mutta et ole keksinyt keinoa muuttaa reittiäsi, - kehosi toimii.. Sairastut, saat vaivoja, jotka hidastavat tai peräti pysäyttävät sinut. Sinulle annetaan mahdollisuus muuttaa polkuasi. Kuunteletko, ymmärrätkö, se on kiinni sinusta itsestäsi. Sinullahan on oma valinnan vapaus kulkea elämäsi tiet ja kokea kokemuksesi. Kuuntelemalla sisintäsi löydät parhaat reitit, koet kokemuksesi pienimmällä mahdollisella tuskalla ja surulla.

Valintahan on meidän.

Jos sitten kuitenkin, niin kuin on mahdollisimman inhimillistä tässä ihmismielessä, syyttelemme toisiamme, - painostivat, määräilivät, suorastaan pakottivat..

Sanon, - jos sinua ei ole uhattu aseilla tai suoraan väkivallalla, - valinta on ollut aina sinun omasi, - olet sallinut toisten painostaa...

Olosuhteissa sama juttu – aina on valinnassa vaihtoehtoja.

Yrittäjä luulee olevansa oravanpyörässä. Työtä, työtä, työtä.. Perhe tarvitsee ylläpidon.

Entä kun perheessä voidaan pahoin? Kun tapahtuu traagisia asioita, joita ei voi enää peruuttaa? Alkaako mielessä syyttely? Nähdäänkö edes omien toimien suoranainen vaikutus tapahtumiin?

Oma vaikutus, - poissaolo perheestä.

Kumpi on tärkeämpi, lähimmäisten hyvinvointi henkisesti vai vauraus? Missä menee raja? Pahinta on oman itsen syyttely – miksi?

Emme saa mennyttä takaisin, tehtyjä tekoja tekemättömiksi, puhuttuja sanoja sanomattomiksi.

Anteeksianto itselle.

Olemme ankarimpia itsellemme. Syyttelemme itseämme jälkeenpäin. Elämme henkisessä ahdingossa. Jos näin on tilanteesi tällä hetkellä, - viestini sinulle: Siinä hetkessä teit sen minkä sillä hetkellä katsoit tärkeimmäksi, et nähnyt muuta. Tiedostava minäsi oli siinä hetkessä suppeampi.

Tässä hetkessä ymmärrät enemmän.

Samanlaisten tilanteiden uusiutuessa, - teet ja toimit toisin. Ymmärrät enemmän, näet laajemmin kokonaisuuksia. Kokemukset kasvattivat sinua.

Anna itsellesi anteeksi.

Elämässä käy useasti niin, että samanlaiset tilanteet toistuvat, kunnes oppi ja ymmärrys ovat menneet perille. Kuten koulussa, kokeiden reputus tietää uusinta koetta, ellei peräti luokalle jäämistä. (Tässä tapauksessa luokalle jääminen tarkoittaa seuraavan elämän olosuhteita nykyistä vastaaviksi, kunnes kokemuksemme ja ymmärryksemme avaavat meille tien uudenlaisiin haasteisiin). Henkinen kasvumme on meidän missiomme.

Kun katsomme elämäämme sisäisin silmin, huomaamme elämämme tapahtumilla olevan monenlaisia merkityksiä. Ei pelkästään tapahtumien seuraukset fyysisessä elämässä, vaan tapahtumien seurausten mukanaan tuoman ymmärryksen lisääntyminen, - henkinen kasvu, - on seurausta kaikista fyysisen elämän tapahtumista. Siinä *nyt* hetkessä emme näe kuin sen hetken tilanteet – toimimme sen hetken tuntemuksien ja tietämyksen mukaan, parhaalla osaamallamme tavalla. Tämän kun pitäisimme mielessämme elämäämme taaksepäin tarkastellessamme, emme olisi ymmärtäneet tehdä toisin.

Tämä on hyvin, hyvin tärkeä asia tiedostaa. Vältymme itsesyytöksiltä. Emme olisi osanneet tehdä toisin. *Hyvä ja tässä hetkessä loistava asia on se, että nyt tässä hetkessä näemme asiat uudella tavalla.*

Ymmärrämme paremmin miten tekomme, valintamme ovat tuottaneet seurauksia.

Valitettavan usein olemme itsellemme ankarampia kuin kenellekään toiselle. Vaadimme itseltämme täydellisen oikeita ja hyviä tekoja. Emme salli epäonnistumisia. Tosin aina tulee jossakin elämänvaiheessa mokattua, silloin alamme kriittisiksi. Mollaamme toimiamme, ryvemme itsesyytöksissä. Katkeroidumme, alamme nähdä maailman synkkänä paikkana.

Eikä meidän tarvitsisi muuta kuin katsoa itseämme lempein, rakastavin silmin, rakastavin tuntein ja antaa menneet tehdyt valinnat anteeksi.

Olemme oppimme oppineet, kokemuksemme kokeneet. Voisimme aloittaa taas elämään kevein mielin. Ilman itsesyytöksiä, taikka syytöksiä maailmaa kohtaan.

Opi taito antaa anteeksi.

Anteeksianto on sydämen asia, mielen asia.

Ajattele itsesi anteeksiantoon kykeneväksi. Ajattele elettyä elämääsi kiitollisuudella, - siksi, että juuri tuon eletyn elämäsi ansiosta olet ymmärtäväisempi nyt tänään. Kokemukset kasvattavat, niitä me etsimme.

Kiitollisuus vallatkoon mielemme. Jokaisella sanalla, jokaisella teolla, ajatuksella, - on merkitys. Motiivi, - miksi teen niin, miksi ajattelen niin kuin ajattelen? Selvitä itsellesi motiivisi, tarkoituksesi. Ymmärrät ja tunnet itsesi paremmin.

Älä usko selityksiä, vaan tarkastele sisintäsi niin pitkään, että vastaan tulee totuus. Tunnet sen kyllä. Meillä on taipumus kaunistella, muunnella asioita paremmin hetkeen ja tilanteeseen sopivaksi. Opi tuntemaan oma itsesi, opi tuntemaan totuus sisälläsi. Anna totuuden vapauttaa sinut kahleista, rajoista jotka olet itse sisällesi luonut.

Vaikutukset tulevat usein ulkopuolelta, ympäristö vaatii (tai me uskomme niin), - muokkaa käytöstämme. Olemme laumasieluja, emme halua erottua joukosta. Meidän on helpompi olla kun tunnemme kuuluvamme johonkin ryhmään.

Niinhän me kuulummekin, kuulumme maan päällä elävien ihmisten ryhmään. Olemme ulkoisesti erilaisia, mutta energiassa olemme yhtä. Olemme ryhmään kuuluvia. Ulkoinen erilaisuus on rikkautta, olkaamme erilaisia, olkaamme rikkaita!

Oman itsen kunnioitus, ympärillä olevan elämän kunnioitus, vapauttaa elämään totuudellisesti. Mitä muuta me voisimme toivoa? Rikkautta? Rakkautta? Olemme oman elämämme luojia. Valintamme vaikuttavat mitä edestämme löydämme. Oman itsen hyväksyminen, elämän kunnioitus, auttavat meitä puhumaan, ajattelemaan, tekemään hyviä asioita. Tuloksena hyviä seurauksia..

Hyvä elämä. Kukapa ei haluaisi hyvää elämää!

Kunhan tiedostamme, ettei hyväänkään elämään kuulu pelkästään hyvää, hyvää, hyvää... Jossain vaiheessa tuollainen elämä ei enää tunnu hyvältä. Kaipaamme elämäämme myös vastuksia. Totta! Valinnoillamme voimme vaikuttaa miten koemme nuo vastukset. Koemmeko ne tervetulleina koettelemuksina, joiden jälkeen taas osaamme aivan uudella tavalla nauttia elämästä, joka on hyvää, hyvää, hyvää.. Kunnes taas koemme vastuksia.. Jokainen koettelemus vahvistaa meitä, antaa uutta ymmärrystä, - jos sallimme. Valintahan on meidän.

Tapamme ajatella.

Onko elämässämme enemmän valoa kuin varjoa, onko lasimme puoliksi täysi vai tyhjä? Miten on? Totuus valaiskoon tietäsi.

Ajatuksen voimalla, omilla valinnoillamme, teemme elämästämme paljon, paljon enemmän itsemme näköisen, hallitusti.

Tiedostamalla omat sisäiset olomme omiksemme, emme syyttele ulkopuolisia, aloitamme viisauden polun.

Esim. Puolison/elämänkumppanin sanomiset, tai tavat tehdä asioita, alkavat ärsyttää, tulee sanottua pahasti, ei voida pidätellä tunteita ja pahaa oloa, ahdistuksia jotka sisällä myllertävät. Syytön läheinen saa vastaanottaa tunnelataukset tajuamatta mikä on. Kuka meistä suostuu vain maalitauluksi? Harva. Takaisin tulee samalla mitalla, - todennäköisesti. Sota on valmis. Jälkiä saa korjata pitkään, jos edes korjaantuvat. Lopullinen välien kylmeneminen on tapahtunut.

Voihan olla että osuman saanut onkin hiljaa ja pitää sisällään syytökset ja sanomiset, kestää, kestää.. Kiltti rauhaarakastava, taikka huonon itsetunnon omaava ihminen helposti vain kestää ja on hiljaa.. Kestävätkö kehomme osumat hiljaa, sairastumatta? Ehkä eivät kestäkään.

Seurauksia voi olla monenlaisia, ehkäpä jopa päihteiden käyttö, eristäytyminen entistä enemmän yksinäisyyteen, suojautuminen maailmalta, joka syyttelee ja parjaa, (kohteeksi joutuneen osapuolen syyttäessä myös itseään, edes tajuamatta todellista syytä).

Kaikki tämä vain kun ei osattu mennä itseen ja tarkastella todellista syytä ärsyyntymiseen, siellä omassa sisimmässä. Totuus löytyy kun sitä vain alkaa etsiä, rehellisesti.

Pahaolohan on siellä mistä ääni lähtee, sitä vain haluaa purkaa mieluummin johonkin lähellä olevaan. Miksi emme tarkastelisi todellisia syitä tuohon ahdistavaan oloon?

Jos olemme tyytymättömiä elämäämme siellä kotona, sille pitäisi tehdä jotain rakentavaa, ei syytellä muita. Haluammehan säilyttää rauhan elämässämme.

Jonkinlainen muutos on lähes pakollinen. Pahaolo viittaa jonkin asian toimimattomuuteen, minkä?

Enkö uskalla antaa itselleni vapautta tehdä asioita, joita sisimmässäni kaipaan?

Kaikkiin asioihin löytyy rauhanomainen kaikkia osapuolia tyydyttävä ratkaisu. Pitää vain etsiä, kunnes totuus tulee esille.

Kun olet ärsytetty kumppanisi tavoista, ovatko tavat muuttuneet? Oletko kenties sinä muuttunut? (Ainahan nuo ärsyttävät tavat eivät ole sinua kiusanneet). Onko kyse kenties kuitenkin omista tuntemuksistasi, minäkö olenkin muuttunut? Miten? Miksi? Olenko jättänyt huomioimatta itseni? Alkaako sisäinen minäni kapinoida huutamalla – huomioi minut!

Hiljentyminen sisäisen ohjauksen kuunteluun auttaa, malta tehdä se kunnolla.

Oletko hän joka vastaanottaa osumia ja kärsii?

Tuntuuko siltä, että olet ne ansainnut? Sanot tai teet jotain ja kumppanisi ärsyyntyy. Miksi? Hiljaa oleminen on viisasta jos vastaansanomisesta syntyy sota – jopa fyysinen. Vältä sellaisia tilanteita. Mieti onko sinun pakko elää tilanteessa, jossa olet alistettu? Omaa itseään ei pidä alentaa missään tilanteessa. Sisäinen omanarvontunto/rakkaus on meille kaikille elintärkeä elämänlaatumme ylläpitäjä.

Olet kiltti, et halua sanoa pahasti, kärsit. Muista, että aina on erilaisia vaihtoehtoja.

Vaihtoehtoja löytää *oma sisäinen voima ja vahvuus.*

Opettele rakastamaan itseäsi juuri sellaisena kuin olet. Olet uniikki, maailmankaikkeudessa ei ole toista samanlaista, olet arvokas ja rakas juuri sellaisena kuin olet.

Kun et enää tunne itseäsi alistetuksi, voit edelleen vastaanottaa pahaa sanomista, olet kuitenkin sisäisesti vahva, näet tuon toisen - sanojan tilanteen uusin silmin. Osaatkin olla tukena kun tarve vaatii. *Pahaolohan on siellä mistä ääni lähtee.*

Näin me voimme parantaa maailmaa, toisin sanoen, estämme alemman energian leviämisen.

Korvaamme sen myötätunnon energioilla!

Ajattele, miten me kaikki toimiessamme samoin, lisäämällä myötätuntoa, saisimme kirjaimellisesti aikaan toisenlaisen maailman!

Riitoja ja väkivaltaisia tilanteita esiintyisi harvoin, jos ollenkaan, fyysinen välienselvittely korvattaisiin mielen tasolla käydyksi keskusteluksi.

Miksi olen vihainen? Miksi mieleni tekee särkeä jotain?

Kääntymällä kysymään itseltämme noita kysymyksiä, huomaamme usein olevamme tyytymättömiä *omaan* elämäntilanteeseemme.

Huomatessamme tämän, voimme aloittaa sisäisen keskustelun, mitä minun pitää tehdä? Miten saan itselleni sisäisen rauhan ja hyvänolon? Miten toimin rauhanomaisesti?

Rukous – on yksi parhaista teoista.

Syvä hiljentyminen ja nöyrtyminen asioiden edessä joita emme ymmärrä, avun pyytäminen korkeammalta energian tasolta.

Raamatussa sanotaan: Etsivä löytää, kolkuttavalle avataan, anovalle annetaan.

Tarvitsee vain pyytää!

Mitä nöyremmin olemme sydämessämme pyytämässä, sitä helpommin sisimpämme energia toteutetaan.

Sydämen halun voima on avain asia.

Egommehan pyytä jatkuvasti jotain, - haluan tuon, haluan sen, haluan, haluan.. Halun voimana tässä on egomme ahneus, - ei todellinen tarve.

Todellinen tarve auttaa meitä selviytymään elämässämme henkisen kehityksen, sielumme ehdoilla.

Egolle riittää saada jotain vain omistaakseen, ei siis todellinen tarve. Emmehän me omistamisella saa aikaan kuin ylpeyttä ja toisten kateutta.

Poistamalla itsestämme noita alhaisen energian haluja, saamme helpommin yhteyden sinne sielumme sisimpään, siihen pieneen ääneen, joka on siellä meitä varten. Meitä opastava ääni/tuntemus.

Meidän parhaaksemme.

Kaikki elämämme kovat kokemukset ovat kuitenkin, kaiken kaikkiaan meidän parhaaksemme, jotta oppisimme, saisimme voimaa hallita noita alhaisia energioita.

Mitä hurjemmin nuo alhaiset energiat riehuvat, sitä vaikeampi on kuulla oman oppaansa ääntä valossa, omaa Korkeampaa Itseään.

Voimme voimistaa tuota valon ohjausta, hiljentymällä säännöllisesti, - harjoittaaksemme keskittymistämme, - mielemme voimaa.

Voimaa hallita ajatuksiamme.

Voimaa ajatusenergialla luomiseen.

Ei minusta ole siihen! Näin varmaan moni ajattelee. Kukahan tuon ajatuksen loi? Ei ainakaan se oman sisimmän oppaan ääni. Sisimmässäsi hypittäisiin riemusta, kun tekisit päätöksen oppia tuntemaan oman todellisen itsesi ja rakastamaan itseäsi juuri sellaisena kuin olet. Sydämesi tekisi kuperkeikan. Tuntisit tuon sykähdyksen. Niin tärkeää tuo itsesi kuuntelu olisi. Itsesi kuuntelu ei tässä tarkoita alempien energioittesi kuuntelua, ovathan ne osa sinua, mutta et todellinen sinä itse.

Alemmat energiat ovat kuin työkaluja, joita käytetään hallitusti tai hallitsematta. Tiedetäänhän tuo, miten tapahtuu, mitä jälkeä syntyy kun leka, vasara tai moottorisaha on taitamattoman käsissä. Luoja varjelkoon ketään olemasta lähellä! Tätähän meistä kukaan ei halua.

Miksi emme siis opettelisi työkalujemme hallintaa. Antaisimme sisäisen todellisen itsemme ohjata ja opastaa tässä elämämme seikkailussa.

Minkälaisia työkaluja sinulla on?

Isketkö nyrkilläsi turhia kyselemättä kun sinua ärsytetään, vai käytkö uhrisi kimppuun parjauksilla?

Ajatuksen voimalla hallitsemme itsemme ja elämäämme. Parhaiten teemme sen tunnistettuamme itsemme. Kuka minä olen? Tarkoittaen minkälainen minä olen? Miten käyttäydyn erilaisissa tunnekuohua aiheuttavissa tilanteissa?

Annanko kehoni viedä, lyönkö ennen kuin ajattelen? Enkö hallitse kehoani? Puheitani?

Helpommin saamme kehomme hallintaamme kuin puheemme. Näin on. Kiivastuksissa sanomme helposti asioita, joita sydämessämme emme todella kuitenkaan tarkoita. Tuomme kaiken sen hetkisen pahanolomme ulos kirpeillä rikinkatkuisilla sanoillamme kohti vastapuolta, tuota joka meille aiheutti tuon pahan olon. Useimmiten kuitenkin kadumme sanojamme, jos emme heti välittömästi, niin jonkun ajan kuluttua kuitenkin. Tehtyä emme saa tekemättömäksi. Puhuttu mikä puhuttu, emme yleensä edes ymmärrä sanojemme terävyyttä. Haavoitamme kohdettamme pysyvästi. Emme saa tekoamme takaisin millään anteeksipyynnöllä tai anelulla. Teemme sanoillamme haavoittuneita uhreja. Haavat eivät näy, - ne ovat vammoja sydämessä.

Varsinkin jos kävimme sanoillamme henkilön persoonan kimppuun, emme tehtyjen asioiden.

Tästä tulemmekin siihen, miten voimme purkaa *omaa* pahaa mieltämme toisella tavalla, turvallisesti.

Puretaan kiukkumme tehtyjen asioiden, toimintojen muotoon ja tapaan, ei ihmiseen henkilökohtaisesti. Tapojamme voimme muuttaa, persoonamme on se mikä on. Olemme lyhyitä, pitkiä, lihavia, laihoja, isokorvaisia, kierosilmäisiä, näppylänaamaisia, pisamaisia, mitä tahansa. Se olemme me.

Onneksi olemme erilaisia, erilaisuus on rikkautta.

Tapojamme toimia voimme muuttaa, pureudutaan niihin, jos ne ärsyttävät. Olemuksemme on se mikä on, kunnioitetaan sitä.

Menemällä omaan itseemme, ymmärrämme tuon kyllä, mekin olemme persoonia, kuten jokainen. Helpommin voimme muuttaa tapojamme, kuin luonnettamme.

Sanojen miekkojen helistessä tulee uhreja molemmin puolin. Loukkaamme toista sitä raivokkaammin, mitä ahdistavampi olomme on. Päästämme kaiken ulos kerralla. Kaiken mitä olemme aikojen kuluessa sisällemme nielleet, kestäneet.

Olemme ajatelleet, - kyllä se siitä.. Vaan kun samoja ja samantapaisia asioita nielemme toistuvasti pieninä annoksina, saamme loppujen lopuksi sisuksiimme sellaisen painavan paakun kannettavaksemme, että lopulta hyvinkin pieni lisäannos saa meidät räjähtämään. Emme enää kykene hillitsemään käytöstämme. Tapahtuva räjähdys on siten hallitsematon. Samoin myös hyvin yllätyksellinen muille osapuolille, jotka eivät ymmärrä, että juuri tapahtunut *pieni sanominen* oli vain se viimeinen pisara. Malja täyttyi – vuosi yli.

Parhaiten olemme sinut itsemme ja maailman kanssa, kun emme niele ja pidä sisällämme edes niitä pieniä juttuja, jos ne meitä loukkaavat. Puhutaan niistä saman tien, tilanteen ollessa *juuri nyt*.

Ehkä vastapuoli muuttaa tekojaan, asennoitumistaan, ehkä puheet vaihtuvat kunnioittaviksi. Emme tiedä, ellemme kokeile. Ehkä me itse saamme uudenlaisen vapautuksen tunteista jotka kuohuttivat. Varmaa on ainakin se, että tuossa *juuri nyt tilanteessa* hallitsemme itsemme. Pystymme puhumaan tuosta nyt tapahtuvasta asiallisesti, ilman hallitsemattomia tunteita. Puhumme tunteilla kylläkin, mutta hallitusti. Opimme samalla kenties tunnistamaan syyt, mikä synnytti tuon tunnekuohun sisällämme ja aiheutti pahanolon. Vältämme samalla suurempien tunnepatoutumisten synnyn.

Oman itsen tuntemus ja ennen kaikkea oman itsen kunnioitus auttavat tilanteesta selviämiseen paljon, paljon helpommin itseään kunnioittavalle, kuin hänelle joka vähättelee itseään.

Itseään vähättelevä henkilö ei kunnioita itseään, hän vain vastaanottaa sanomiset alentumalla, alistumalla, ajatellen – olen ansainnut tämän.

Pahinta tässä on, etteivät ulkopuoliset huomaa sanoillaan haavoittavansa, vaan kuvittelevat vain laskevansa leikkiä tai jopa uskottelevat tarkoittavansa hyvää..

Tapauksissa, joissa hyvää tarkoittava kohtelee kuin lasta läheistään (aikuista), holhoten - varo vähän, älä tee sitä noin, vaan näin, annahan kun minä näytän… Katso miten pukeudut, ole vähän enemmän jotain…

Kiltti alemmuudentuntoinen, epävarma henkilö kuuntelee, ei sano vastaan, pyrkii noudattamaan saamiaan ohjeita. Mutta, mutta, sisällään hänellä on paha olla. Pahaa oloa helpottaakseen voi käydä niin, että ei nähdä muuta keinoa, kuin helpotuksen kertoja päihteillä. Paetaan todellisuutta. Saadaan hetken hyvä olo. Ei osata muuta tapaa..

Hyvällä onnella löydetään harrastuksia, joiden parissa on hyvä olla. Paetaan loitommaksi tuota hyvää tarkoittavaa holhoajaa.. Varmaan tämä toinen osapuoli kokee loitontumisen ja alkaa ehkä painostaa entistä rankemmin. Kierre on tässä valmis. Umpisolmussa ollaan, jos ei opita puhumaan asioista.

Helpotuksen tuo molemmille osapuolille irrottautuminen tilanteesta. Pyritään näkemään asiat ulkopuolisin silmin, yhdessä, puolueettomasti. Mietitään myös miksi toinen pyrkii holhoamaan, hyvää hyvyyttään vai pyritäänkö hallintaan? Miksi?

Onko kumppani valittukin alitajuisesti heikommaksi osapuoleksi hallittavaksi, ohjailtavaksi?

Pystytäänkö aloittamaan suhde uudelta pohjalta, kunnioittaen kumpaakin osapuolta?

Tavatessamme toisemme, aloittaessamme suhteemme, olemme hyväksyneet toisemme sellaisina kuin olemme, vai olemmeko? Olemmeko kenties ajatelleet – sitten kun olemme yhdessä, niin sitten muutan tuota toista. Olemmeko jo heti alussa ajatuksillamme loukanneet toisen oikeutta olla yksilöllinen oma itsensä?

Olemmeko me se hallintaa hakeva puoli?

Miksi?

Onko oma sisäinen olotilamme niin heikko, että pyrimme saamaan itsemme vahvaksi toista alistamalla?

Meidän jokaisen tärkeä tehtävä on lähteä elämänsä suurimpaan seikkailuun, seikkailuun omaan itseensä.

Itsetuntemuksen kautta emme pyri hallitsemaan, vaan kunnioittamaan itseämme ja kaikkeutta ympärillämme. Omaa itseämme muuttamalla muutamme maailmaa jossa elämme.

Oman itsen kunnioitus ja lähimmäisen rakkaus, - siinä onnemme avaimet.

Olemme oman elämämme luojia, olemme sitten minkälaisessa elämäntilanteessa taikka ympäristössä tahansa. Olemme näissä elämäntilanteissa oppiaksemme mikä meille on tärkeintä.

Onko onnemme kiinni rahassa ja ulkoisessa materiaalissa, vai sisäisessä rauhassa ja hyvässä olossa henkisesti?

Nämä taistelut käydään meissä itsessämme, me teemme valintoja, me itse kuljemme tiemme valintojemme mukaan.

Ehkä, jos tiedostaisimme tämän tosiasian, tekisimme tietoisemmin valintoja oman elämämme parhaaksi siten, mikä meillä on tärkeysjärjestys. Mehän itse valitsemme. Jos tämä on aivan uusi asia, outo ajatus, on elämä vain kulkeutunut kuin lastu laineilla tai sulka tuulessa, ilman oman itsen tietoista ohjaamista. Taitaa olla aika tarttua oman elämänsä ohjaksiin.

Mitä elämältäsi haluat, kaipaat?

Kulje sitä kohti rakastavasti, kunnioittavasti. Välillä nöyrästi rukoillen suuntaa, - sitä parasta mahdollista suuntaa, jotta sen löytäisit. Tien joka on sinua varten valmistettu, löydettäväksesi.

Mitä me tarvitsemme mukanamme, - sisäisen kompassin, taidon sen käyttämiseen, luottamuksen kulkea kompassin osoittamaan suuntaan. Ainahan tuo suunta ei ole ihan ”järjellinen”, enemmän intuitiivinen/vaistonvarainen. Rohkeutta uskaltaa kuunnella omaa sisintään elämässään. Nöyryyttä tiedostaa oma pienuutensa, nöyryyttä avun pyytämiseen, kiitollisuutta apua saadessamme. Avoimen tiedostavan mielen ymmärtää tämä kaikki.

Nähkäämme henkisin silmin, elämän meille tarjoamat mahdollisuudet tarttua tilaisuuksiin. Kokekaamme kaikki koettavissa oleva tässä elämässä, parhaalla mahdollisella tavalla.

Taito löytää ilon aiheet kaikista elämän tapahtumista, taito olla kiitollinen. Meillä on aiheita kiitokseen ja iloon enemmän kuin aiheita suruun ja murheeseen.

Emme vain aina murheidemme alla näe muuta kuin sen suuren mustan, joka valtaa elämämme. Hyvät asiat ovat silti alati olemassa.

Suojelusenkelimme ovat kaiken aikaa mukanamme – myös murheessa, - odottamassa, että pyydämme apua, rukoilemme voimaa ja ymmärrystä siinä hetkessä olevaan asiaan.

Me saamme apua.

Emme ehkä niin, kuin odotamme, emme ehkä juuri heti kun sitä haluamme. Voimme luottaa siihen, että apu tulee juuri oikeaan aikaan, oikealla tavalla. Ei meidän maallisen ymmärryksemme mukaan, vaan parhaalla tavalla sielumme kehityksen kannalta.

Kuolema tai pysyvä sairaus ovat meidän mielestämme rangaistuksia. Näin ei ole.

Kuolema vapauttaa meidät tästä elämästä jatkaaksemme henkisissä ulottuvuuksissa, ulottuvuuksissa jotka ovat enemmän meidän todellinen kotimme kuin tämä fyysinen materiaalinen olotilamme.

Kuolema ei näin ollen ole paha asia kyseiselle tästä maailmasta poistuvalle henkilölle.

Me koemme sen pahaksi, koska menetämme meille rakkaan ja läheisen ihmisen. Meidän surumme on oman menetyksemme surua. Osaammeko kuitenkin olla onnellisia hänen puolestaan joka pääsi kotiin? Osaammeko?

Meidän pitäisi osata olla onnellisia hänen puolestaan.

Henkilön, joka on jo kokemuksensa kokenut, on valmis muuttamaan. Iloitaan hänen puolestaan!

Henkilö, joka poistuu yllättäen, tai kesken nuoren elämänsä, antaa kokemuksia tänne jääneille sureville läheisille. Menetyksen tuskan ja sen mukanaan tuomia selviytymiseen liittyviä kokemuksia on meidän myös koettava.

Monella eri tavalla olemme joutuneet jokainen kokemaan näitä suuria tuntemuksia, monessa menneessä elämässämme.

Kun sivullisena pystyt tunnistamaan lähelläsi tapahtuneet menetykset ja pystyt myötäelämään heidän surunsa ja tuskansa, - tiedät silloin myös itse näitä tunteita ja tapahtumia kokeneesi. Mistä? Siitä, että tunteita ei kuvitella, ne tunnetaan. Et voi tunnistaa sellaista jota et ole itse kokenut.

Kun aloitamme itseemme tutustumisen, tulemme huomaamaan juuri tällaisia eri tilanteiden aiheuttamia mielenliikutustiloja. Voit tuntea ahtaanpaikan kammoa, korkeat paikat pelottavat. Voit liikuttua kyyneliin katsoessasi elokuvaa, jossa on erilaisia hylkäämisiä tai liikuttavia, hellyttäviä rakkauskohtauksia ym. Sinussa syntyvät tunteet kumpuavat syvältä menneisyyden kokemuksistasi. Osaat samaistua tilanteisiin.

Näin voit oppia itsetuntemusta, - tarkkailemalla itseäsi.

Suuri seikkailu alkakoon, omaan itseen sukeltamalla, kuuntelemalla, tarkkailemalla oman itsen mielenliikkeitä.

Kokemukset meitä kasvattavat näkemään enemmän, ymmärtämään laajemmin.

Osaamme myös sanoa ei. Vai osaammeko?

Elämässä on tilanteita, joissa tuntuu – tämä ei ole minua varten.

Todellista rohkeutta on uskaltaa sanoa ei, vaikka muu maailma yrittäisi vetää mukanaan. Sanomalla ei, vältämme sellaisia tilanteita jotka eivät tunnu meistä hyviltä.

Rohkeutta ein sanominen on siksi, että joudumme vastustamaan heitä, jotka meitä tilanteeseen vetävät. Varsinkin kun nämä toiset tuntevat sanomasi ein olevan arvostelua ja moralisointia heitä kohtaan persoonana, eikä niinkään aiottua tilannetta kohtaan.

Miten eri tavalla me katsommekaan maailmaa..

Erottuminen joukosta. - pysähtymällä, muuttamalla suuntaa, - se ei ole arvostelua tai kritisointia toisten tekemistä kohtaan, se on vain oman sisäisen ohjauksen kuuntelemista opastuksesta toiseen suuntaan.

Ein sanominen ei ole kritisointia toisten tekemiselle, se on oman tien valintaa.

Kun me kunnioitamme itseämme, kunnioitamme toisiamme, sallimme jokaisen olla oma itsensä, olemme piirun verran parempia. Moni joka ei vielä ole löytänyt omaa sisäistä opastaan, seuraa ulkopuolisten, vahvempien mukana, ajattelematta, onko tämä se suunta mihin haluan kulkea... Ollaan kuin lastut laineilla, virran vietävänä. Kunnes jossain vaiheessa heräämme – toivottavasti, – sillä seuraukset ovat kuitenkin meidän omiamme.

Lasten kasvatuksessa on erittäin tärkeää opastaa nuoret omantuntonsa kuunteluun. Nuoret, jos ketkä ovat helppoja "virran viedä".

Olosuhteet kotona, asuinympäristö, koulu, kaverit. Kaikki antavat oman voimakkaan vaikutuksensa nuorelle, joka on elämänsä alussa etsimässä suuntaansa.

Omaan itseen luottaminen oikean ja väärän erottamisessa, rehellisyydessä, totuudessa, ovat tärkeitä asioita oppia jo elämänsä alussa.

Samoin tuntemus, että olemme rakkaita, meistä välitetään, on tärkeä, - meille kaikille. Kasvatamme itsetuntemustamme, itseluottamustamme, oman itsen kunnioitusta ja myötätuntoa itseämme ja Kaikkeutta kohtaan.

Tiedostamme paikkamme maailmassa, *olemme kaikki täällä yhdessä, olemme toisiamme varten.*

Yhdessä olemme enemmän.

Kaikki lähtee omasta itsestä, miten me koemme elämämme.

Eväät tähän me saamme lapsuudestamme. Minkälaisen kuvan luomme itsestämme heijastuksina ympäristöstämme. Valmiudet heijastusten vastaanottoon ovat jo sisimmässämme. Meillä ovat jo eväät mukanamme tänne syntyessämme. Perus itse on jo olemassa. Kasvaessamme kehitymme, emme yksin fyysisesti, vaan myös henkisesti. Meissä kasvaa sisäinen halu tietää ja ymmärtää asioita. Kehitämme taitojamme myös muulla tavalla.

Meillä on lahjoja kehittyä taiteilijoiksi, tieteilijöiksi, monen alan taitureiksi.

Joillakin ihmisillä halu on niin voimakas, että he ovat valmiit uhraamaan muun sosiaalisen elämänsä saavuttaakseen huipun rakastamallaan taiteen tai tieteen ym. alalla. Monesti vanhemmat huomaavat tämän mielenkiinnon kohdistumisen jo pienissä lapsissa. Miten ympäristö sitten näissä pyrkimyksissä tukee, on aina oma juttunsa. Monesti kodissa ei edes ymmärretä tätä lahjakkuutta, tai yksinkertaisesti varat eivät riitä tukemaan pyrkimyksiä. Tällaisissa tilanteissa nähdään ja koetaan, kuinka voimakas pyrkimys lapsella on toteuttaa itseään. Tilaisuus tulee ehkä vasta aikuisiässä, kun voi itse kustantaa opintonsa. Miten voimakas on tuo sisäinen pyrkimys ja halu?

Meissä kaikissa on erilaisia lahjoja valmiudessa kehittääksemme niitä edelleen. Valinta on meidän, olemme oman elämämme luojia.

Herätä sisäinen todellinen itsesi. Hiljenny kuuntelemaan ja *kuulemaan*!

Milloinkaan ei ole liian myöhäistä!

Meillä on aina vain tämä NYT- hetki. Mennyt on mennyttä, huominen on vasta tulossa. (Huominen on aina huomenna).

Jokainen meistä on uniikki, ei ole toista samanlaista. Kunnioitus ja myötätunto ovat välttämättömyyksiä, jotka meidän tulee oppia omaa elämäämme rakentaessamme.

Usko ja luottamus elämän kantamiseen kohdallamme.

Kun toimimme oman sisimpämme ohjauksessa, tiedämme olevamme tiellä, joka on rakennettu meitä varten. Egollemme/päiväminällemme se on kuin hyppy tyhjyyteen/tuntemattomaan.

Oman itsen tutkiskelu, sisäiseen minään tutustuminen on siten välttämättömyys, jotta löydämme sisäisen oppaamme ja tutustutamme egomme tähän todelliseen henkiseen itseemme, itseemme joka jättää egonsa siirtyessään eteenpäin henkisen kehityksensä tiellä.

Egon/päiväminän tehtävä on pitää kehomme toimintakunnossa suojelemalla sitä kaikilta vaaroilta. Ego on kuin henkivartija/turvaaja, joka uhraa oman henkensä suojellakseen meitä – henkistä minäämme – sieluamme. Sieluamme, jonka sydämessä asuu kuolematon henkemme.

Elämämme tässä fyysisessä maailmassa on symbioosi näiden kahden – egon ja sielun - välillä. Kumpikin tarvitsee toistaan. Näin ollen on helppoa ymmärtää, miten hyvä ja läheinen yhteistyö, molemminpuolinen kunnioitus tuo helppoutta elämäämme.

Kuuntelemme ja kunnioitamme molemminpuolisesti, tiedostamme, että matkamme sujuu turvallisesti keskinäisen kunnioituksen kautta. Saamme sekä fyysistä ravintoa että henkistä, tasapuolisesti.

Jos olemme henkisesti eksyksissä, voi henkivartijamme/elossapysymisvartijamme olla ollut liian innokas suojelemaan meitä kaikesta sellaisesta jota järki ei ymmärrä. Egomme ottaa ylivallan, ei kuuntele sisäistä kanssamatkaajaansa. Olemmekin yhtäkkiä kuin laiva sumussa ilman kompassia, ilman luotsia joka opastaisi turvallisesti satamaan.

Näennäisesti, ulkoisesti kaikki on hyvin, mutta matka ei taitukaan suorinta ja helpointa reittiä. Joudumme myrskyihin, kenties karikoille. Olemme ilman luotettavaa opastajaa, joka osaisi ohjata tyyneen.

Vasta kolhittuamme kulkuneuvoamme, sisäinen henkilökuntamme nousee kapinaan, osaamme – egomme osaa nöyrtyä pyytämään luotsia paikalle.

Kuljemme taas yhtenä kokonaisuutena ego ja henkinen minä.

Henkisen minän ei myöskään sovi ottaa ylivaltaa. (Ilmenee usein tuomintana kaikkea sellaista kohtaan jonka kokee "syntiseksi" - itsensä ylentäminen "henkisyyteen").

Tasapainoinen hyvinvointi vaatii tasapuolista kunnioitusta.

Elämäämme kuuluu suvunjatkaminen. Kaikki parin löytämiseen kuuluvat tapahtumat, seurustelut, perheen perustamiset, kuuluvat kuvioon. Kehomme on sielumme koti/asuinsija, - siitä on pidettävä huolta.

Kultaisen keskitien kulkijaksi on hyvä pyrkiä.

Löytäessämme keskitien sisältämme, löydämme sen myös ulkopuoleltamme.

Osaamme kunnioittaa Kaikkeutta. (Kaikkea ympärillämme olevaa). Ymmärrämme tasapainon merkityksen. Ilman toista ei ole toista. Kysymys on tahdosta, tahdotko sinä?

Olethan oman elämäsi luoja.

Jotta vakuuttuisit ajatustesi voimasta, tehdään vielä yksi koe:

Istu niin, että sinun on hyvä olla.

Hengitä syvään ja rauhallisesti, syvään ja rauhallisesti...

Poista mielestäsi kaikki hälinä.

Pyri rentoutumaan täysin.

Hengitä syvään ja rauhallisesti..

Kun mielesi on tyyni, keskity ajattelemaan sitruunaa...

Ajattele sitruunaa niin keskittyneesti, että näet tuon sitruunan selkeästi mielessäsi.

Kun kuva sitruunasta on selkeä, kuori sitruuna...

Kun olet kuorinut sitruunan, ota siitä viipale ja laita se suuhusi ja puraise..

Mitä tapahtuu?

Tunsitko veden nousevan kielellesi?

Jos näin kävi, kuten yleensä käy, - teit sen pelkästään ajatuksesi voimalla. Mielesi liikkeet saivat kehosi toimimaan – kirjaimellisesti.

Olemme paljon vartijoita, kunnioittakaamme tätä olevaista itseämme. Antakaamme ajatustemme luoda valoisia kuvia, rauhanomaisia kuvia, itsemme ja Kaikkeuden parhaaksi.

Ystävät yhdessä

Pirjo Piippola

Ystävät yhdessä
Pirjo Piippola
2015